제대로 세상을 보는 비결

제대로 세상을 보는 비결

2022년 9월 10일 초판 1쇄 인쇄
2022년 9월 15일 초판 1쇄 발행

지은이 이오이 세이에몬
옮긴이 정재헌
발행인 손건
편집기획 김상배, 홍미경
마케팅 이언영
디자인 여름날디자인
제작 최승용
인쇄 선경프린테크

발행처 LanCom 랭컴
주소 서울시 영등포구 영신로 34길 19
등록번호 제 312-2006-00060호
전화 02)2634-0178 02)2636-0895
팩스 02) 2636-0896

ISBN 979-11-92199-16-0 03190

생각의 힘과 판단 능력을 키우는

지은이 이오이 세이에몬 | **옮긴이** 정재헌

제대로
세상을
보는비결

사물의 겉만 보지 말고
눈에 보이지 않는 근원까지
거슬러 올라가 생각하라!

북스데이
BOOK'S DAY

차례

제1장 사물이 보이는 방식과 보는 법

제2장 사물에 대한 사고법

제3장 사물을 이해하는 법
- 근대과학: 그 성격과 수비 범위

제4장 이해를 위한 도구 I - 인과연쇄 다이어그램

제5장 이해를 위한 도구 II - 인과연쇄도

들어가며

    이 책의 저자인 이오이 교수님은 수학을 전공하고, 물리학자 스승 밑에서 공부한 철학자이다. 와세다 대학 비즈니스 스쿨에서 '시스템 모델 구축법'을 가르쳤고, MBA과정에서 '비지니스 시스템 구축 연구'를 담당하고 가르쳤다.

    나는 와세다 대학원 MBA 과정에서 이오이 교수님의 가르침을 받게 되면서 교수님과 인연을 맺게 되었는데 그때 이오이 교수님의 가르침에 많은 영향을 받았다. 그 중에서도 입체사고법과 시스템사고법은 지금까지 내 인생 철학의 근간으로 자리 잡고 있다.

    내가 교수님의 철학을 한국에도 소개하고 싶다는 생각을 하고 있을 때, 마침 교수님이 이 책을 한국에서 번역 출판하면 어떻겠냐고 제안하셨다. 나는 흔쾌히 받아들였고 곧장 번역출판을 위한 작업에 들어갔다. 당시에는 일본에서 한글 워드프로세서를 거의 사용하지 않았기 때문에 손으로 번역원고를 작성하느라 시간이 꽤 많이 걸렸다. 번역을 3분의 2정도 마쳤을 때 이오이 교수님이 갑자기 암으로 세상을 떠나셨다.

결국 한국에서의 번역출판을 보류하게 되었고, 그 후 23년 가까운 세월이 흘렀다. 하지만 내 마음속에는 늘 작은 응어리 같은 것이 남아 있었다. 즐거운 마음으로 이 책이 한국에서 번역출판 될 날을 기대하셨을 교수님을 생각하면 죄송한 마음이 들었다.

이제 나이가 60줄에 들어서니 더 늦기 전에 마음속에 남아있는 응어리들을 가능한 한 모두 풀어야겠다는 생각을 하게 되었고 가장 먼저 이 책을 한국에서 번역 출판하기 위한 재작업에 착수하게 되었다.

요즘처럼 빠르게 변화하는 불확실한 시대를 살아가기 위해서는 무엇보다도 흔들리지 않는 확고한 철학이 요구된다. 확고한 철학 없이 살아가다 보면 시대의 변화에 적응하지 못하고 우왕좌왕 흔들리다가 도태되기 십상이기 때문이다.

확고한 철학은 확고한 신념에서 비롯된다.

확고한 신념을 가지기 위해서는 사물을 정확히 보고 정확히 판단하는 능력이 필요하다.

사물을 볼 때 표면만 보지 않고 뿌리에서부터 생각하는 시스템사고법은 사물을 정확히 보고 판단하는 근간이 된다.

21세기 과학의 시대에 살고 있는 우리는 과학이 주는 많은 편리함과 혜택을 누리고 산다. 하지만 과학을 맹신하고 너무 의존한 나머지 잃어버린 것도 많을뿐더러 많은 다툼을 유발하기도 한다. 과학은 눈에 보이는 세계와 논리적으로 설명이 가능한 것만을 인정하기 때문이다.

과학의 세계에서 논리적이라는 것은 'A는 B보다 크다. B는 C보다 크다. 그러므로 A는 C보다 크다'라는 공식에 부합하는 것이다.

그래서 현대를 사는 대부분의 사람들은 눈에 보이지 않고 과학적 논리에 부합하지 않는 것은 아예 믿으려고 하지 않는다. 선남선녀가 사랑을 하는데 그 사랑의 감정이 눈에 보일 리 없고, 과학적 논리나 공식으로 설명할 수 있을 리 없는데도 말이다. 과학적으로만 세상을 보고 인정하려고 하면 거기에는 낭만도 없고 메마르고 다툼만이 있는 세상이 존재할 뿐이다. 이 세상에서 과학적으로 설명할 수 있는 것이 과연 얼마나 될까?

이오이 교수님은 이 책에서 세상의 모든 사람들이 평화롭게 살기 위해서는 과학적 사고인 '2차 구조 모델'보다는 '4차 구조 모델'(본문 참조)로 세상을 보는 것을 제안한다.

2차 구조 모델은 '눈에 보이는 세계(F) + 논리적 세계(R)'로 구성되고, 4차 구조 모델은 '과학적 사고인 2차 구조 모델 + 말로는 설명할 수 없는 세계(Q) + 인간의 생명의 근원이자 삼라만상의 근원인 세계(S)'로 구성된다. 눈에 보이지 않고 말로도 설명이 안 되는 Q와 S의 세계를 인정하고 모든 사람들이 공유하며 살아간다면 좀 더 평화롭고 살기 좋은 세상이 될 것이라는 전제가 깔려있다.

우리는 정보가 넘쳐나는 시대에 살고 있다. 옛날에는 정보입력 능력이 필요한 시대였지만 지금은 정보편집 능력이 필요한 시대다. 불필요한 정보를 버리고 정말로 필요한 정보만 골라 얻을 수 있는 능력이 필요한 것이다.

그러기 위해서는 제대로 '사물을 보고 사고하는 법'을 익혀 사물을 정확하게 판단할 수 있는 능력을 갖추어야 하고, 확고한 신념과 철학을 정립해야 한다.

　독자 여러분 모두 이 책을 통하여 제대로 '사물을 보고 사고하는 법'과 정확한 판단 능력을 갖추고 4차 구조 모델로 세상을 보는 사람이 되어 평화롭고 행복하게 세상을 살아가게 되길 바란다. 그렇게 여러분의 삶에 도움이 된다면 이 책을 번역 소개한 사람으로서 매우 보람되고 기쁠 것이다.

2022년 여름에

정재헌

1

사물이 보이는 방식과
보는 법

1

사물을 보는 법

사물을 보는 법에 대한 간단한 예로 컵 이야기가 있다. 컵은 위에서 보면 원형으로 보이고 옆에서 보면 컵의 몸체형으로 보인다. 같은 사물이라도 보는 각도에 따라 달라 보이는 것이다. 지극히 당연한 이야기지만, 잠시 주의를 기울여 이 이야기 속에 들어있는 의미를 생각해 보자.

사실 이런 이야기가 가능한 것은 우리가 이미 컵이라는 사물의 전체 모습을 알고 있기 때문이다. 그래서 "컵은 원형이다"라고 말한 사람에게 "그것은 컵을 위에서 보았기 때문이다"라고 말할 수 있고, "컵은 몸체형이다"라고 말한 사람에게 "그것은 컵을 옆에서 보았기 때문이다"라고 말할 수 있는 것이다. 컵이라는 사물의 전체 모습을 모르면 이런 이야기 자체가 성립하지 않는다.

다음 수수께끼를 풀어보자.

위에서 보면 '원형'으로 보이고, 정면에서 보면 '한가운데 네모난
구멍이 뚫린 사변형'으로 보이고, 바로 옆에서 보면 '옆이 잘록한
사각형'으로 보이는 것은 무엇일까?

이 수수께끼의 해답으로는 [그림 2]의 '원통에 네모난 구멍이 뚫린
것'을 상정하면 된다. 이밖에 다른 것도 생각할 수 있겠지만, 적어도
'원통에 네모난 구멍이 뚫린 것'이 [그림 1]과 같이 보이는 것은 확실
하다.

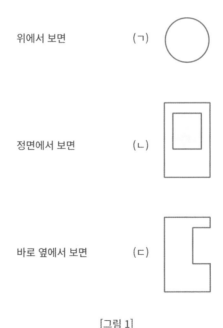

[그림 1]

사물이 보이는 방식과 보는 법

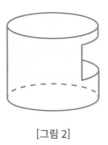

[그림 2]

여기서 '원통에 네모난 구멍이 뚫린 것'이 컵 이야기의 컵에 해당한다.

그런데 이런 수수께끼를 푸는 것 말고는 일상생활에서 이처럼 '본 것' 또는 '보이는 것'에서 그 근원이 되는 사물을 추정하는 방식으로 두뇌를 사용하는 일은 거의 없다. '보이는 것'이나 '본 것'을 출발점으로 하여 그 사물의 성질은 이러이러한 것이라고 분석하는데 익숙해져 있고 특별한 일이 없는 한 그 근원으로 거슬러 올라가는 일은 하지 않는 것이다.

이 수수께끼로 말하자면, 대상을 원으로 본 사람은 원의 성질을 추구하고 네모난 구멍이 뚫린 사변형으로 본 사람은 그 성질을 추구하는 데 전념한다. 그러나 그와 같은 성질을 아무리 자세히 연구해도 거기에서 '원통에 네모난 구멍이 뚫린 것'이라고 하는 전체 모습은 나오지 않는다.

오히려 부분적인 지식이 풍부해진 정도만큼 그 진짜 모습인 '원통에 네모난 구멍이 뚫린 것'이라는 전체 모습에서는 멀어져버린다. 반대되는 방향으로 추구하고 있기 때문이다.

이 부분의 상황을 그림으로 나타내면 다음과 같다.

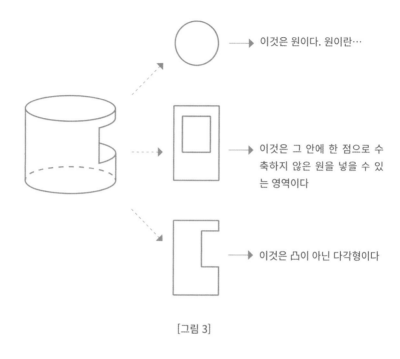

이것은 원이다. 원이란…

이것은 그 안에 한 점으로 수축하지 않은 원을 넣을 수 있는 영역이다

이것은 凸이 아닌 다각형이다

[그림 3]

'보이는 것' 또는 '본 것'에서 출발하여 오른쪽 방향으로 이야기를 전개해 가는 것이 과학적 방법의 특징이다. 우리는 이러한 과학적 방법으로 많은 지식을 획득하고 일상생활의 물질적인 면에서 많은 편익을 얻고 있다. 그러나 [그림 3]에서 보는 것처럼 과학적 방법은 왼쪽 방향으로의 전개에는 무관심하다. '보이는 것'(예를 들면 원)은 다른 '보이는 것'(예를 들면 네모난 구멍이 뚫린 사변형)과는 별개의 것으로 취급되어 그것들이 무엇인가 하나의 사물에서 나온 것이라고는 전혀 생각하지 않는 것이다.

사물이 보이는 방식과 보는 법

20세기의 문명사회에서 생활하고 있는 우리는 자연스럽게 이러한 과학적 방법에 익숙해져서 사물을 나누어 생각하는 습성이 몸에 배어버렸다. 그 결과 우리는 사물을 <전체로서> 보는 법이나 <보는 각도에 따라 사물은 달리 보인다>는 식의 사고를 하지 않게 되었고, 모든 사물이 따로따로 분리된 상태로 있어도 전혀 불편을 느끼지 않게 되었다.

이런 상황에 대해 타치바나 다카시[1]는 '이콜로지적 사고의 진행'(중공문고)에서 다음과 같이 비꼬아 지적하고 있다.

"빌딩 옥상에서 사람이 몸을 던진다. 심리학자는 자살의 원인에 관심을 갖고 의사는 사망원인이 전신타박인지 두개골절인지 동맥파열인지에 관심을 갖는다. 물리학자라면 낙하속도밖에 신경 쓰지 않을 것이다."

사물을 잘게 쪼개 포착하여 [그림 3]에 나타난 것처럼 오른쪽으로 사고를 전개함으로써 전체를 보는 눈을 잃어버린 결과 환경오염과 공해 문제가 발생되고 있는 것이 20세기 말의 현상이다.

오른쪽 방향뿐만 아니라 왼쪽 방향으로도 생각해보는 새로운 사고법이 필요하다. 이 새로운 사고법과 그에 따른 실천 방법을 제시하는 것이 이 책의 목적이다.

---

1 일본의 저널리스트, 논픽션 작가이자 평론가

2

왼쪽으로의 전개 효용

본서에서 제시하는 사고법은 다음의 2가지 신념이 기본이 된다.

첫째, 사물은 단독으로 존재하지 않는다.

둘째, 겉으로 드러난 또는 눈에 보이는 사물의 배후에는 보이지 않는 무엇인가가 있다.

먼저 '사물은 단독으로 존재하지 않는다'에서 시작해보자.

우리가 살고 있는 이 세상에서 완전하게 독립하여 단독으로 존재하는 것이 과연 있을까? 아마 없을 것이다. 설령 있다고 해도 '이것은 그것이다!'라고 표현하는 순간 이미 '표현한 사람'과 '표현된 것'이라는 관계가 성립해버리기 때문이다.

관계 속에서 가장 소박한 것은 2개의 사물 사이의 관계다. 대개의 사물은 분리 불가능한 대칭으로 존재한다. 위가 있으면 아래가 있고, 오른쪽이 있으면 왼쪽이 있고, 겉이 있으면 안이 있으며, 자석에도 북극과 남극이 있다. 위만 가지고 오라거나 오른쪽만 또는 겉만, 북극만 가지고 오라고 해도 가능할 리가 없다.

적어도 2개의 사물이 분리 불가능하게 연결되어 있다는 것은 '사물은 단독으로 존재하지 않는다'는 <보는 법>의 근거를 보여주고 있고, 여기에서 '사물은 모두 어떠한 관계로 연결되어 있다'고 <보는 법>이 나온다. 그렇게 <보는 법>으로 대상을 보면 사물은 여러 가지로 연결되고, 그 연결이 새로운 사물을 발견하는 데 매우 유용하게 작용하는 경우도 많다.

표면적으로는 언뜻 서로 관계가 없다고 생각되는 것을 서로 연결 지으려면 '겉으로 드러난 또는 눈에 보이는 사물의 배후에는 보이지 않는 무엇인가가 있다'는 두 번째의 신념이 필요하게 된다.

가위바위보 게임을 모르는 사람은 없을 것이다. 일본에는 이와 비슷한 '토하치켕'이라는 게임이 있는데, 거기서는 촌장, 여우, 사냥꾼이 등장한다. 키쓰네켕이라고도 한다. 촌장은 사냥꾼을 이기고, 사냥꾼(총을 갖고 있다)은 여우를 이기고, 여우는 촌장을 이긴다(홀린다).

도식으로 표현하면 알기 쉽다.

이 2개의 게임에 등장하는 것, 예를 들면 바위와 여우, 보와 사냥꾼, 가위와 촌장이라는 형태는 서로 개별적으로 대응시켜도 아무 상관 없다.

그런데 이 2개의 게임 구조를 그린 위의 그림을 찬찬히 들여다보면 공통적으로 3스쿠미[2]라는 관계가 떠오른다. 이것은 이론이 아니다. '보이는 것'으로부터 왼쪽으로 전개하는 사고방식에는 직관·통찰·번 뜩임과 같은 것이 얽혀 있다. 게다가 바위의 성분, 여우의 성질이라는 개별적인 것에 대한 지식을 아무리 쌓아도 '3스쿠미'라는 전체로서의 관계를 파악할 수 없는 것도 확실하다. 이렇게 일단 '3스쿠미'라는 관계가 상정되면, 각각의 게임에 등장하는 것은 모두 '3스쿠미' 관계를 구성하는 요소라는 관계로 연결된다.

더욱이 이렇게 파악된 관계에 대하여 '3스쿠미 이론'을 구축할 수 있다면, 앞에 기술한 2개의 게임 외에도 '뱀, 민달팽이, 개구리'라는 3 종류의 관계에도 그 이론을 적용할 수 있게 된다.

---

2 뱀은 민달팽이를 무서워하고, 민달팽이는 개구리를 무서워하고, 개구리는 뱀을 무서워한다. 즉, 3 자가 서로를 견제하여 각각 자유롭게 움직일수 없는 상태

이 방법을 도식으로 나타내면 다음과 같다.

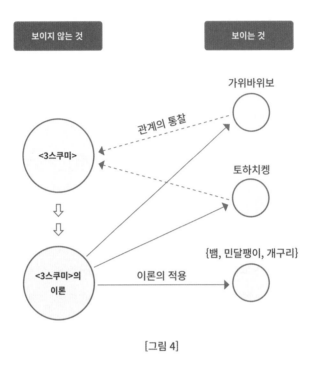

[그림 4]

이렇게 하여 '가위바위보' '토하치켕' '{뱀, 민달팽이, 개구리}의 집합'은 '3스쿠미'의 하나로 볼 수 있게 되고, 그것들을 논할 때는 '3스쿠미' 이론'으로 통일된다.

3

입체사고

본장 1절의 [그림 3]은, 과학적 지식들이 '보이는 것' 또는 '본 것'으로부터 오른쪽 방향으로 전개함으로써 획득되는 것에 반해 '보이는 것' 또는 '본 것'의 전체 모습을 알기 위해서는 왼쪽 방향으로 전개할 필요가 있다는 것을 말하기 위한 것이었다. 이 그림을 왼쪽이 아래로, 오른쪽이 위가 되도록 90° 회전시켜 보자. 사실 필자는 처음부터 이렇게 회전시킨 그림을 사용하여 과학은 위로의 전개지만 정작 필요한 것은 아래로의 전개라고 말하고 싶었다.

그러나 인간이란 묘한 존재로 오른쪽과 왼쪽에 대해서는 어느 쪽으로 향하든 그다지 신경 쓰지 않는데 위와 아래에 대해서는 심리적으로 매우 달라진다. '위로 향한다'고 하면 '향상심'이라는 말도 있듯이 뭔가 좋은 일을 큰 결심을 가지고 하는 것 같은 기분이 드는데 반해,

사물이 보이는 방식과 보는 법

'아래로 향한다'고 하면 '내버려두면 제멋대로 밑으로 떨어진다'는 감각이나 거듭 '하락한다'는 이미지가 있기 때문에 의식적으로 '아래로 향하는' 것을 꺼리는 심리가 작용하기 때문이다.

그러한 독자들의 감각을 생각하여 먼저 저항감이 적은 '오른쪽으로, 왼쪽으로'라는 표현법을 쓴 것이다. 이제 그러한 사정을 살폈으니 이제부터는 '오른쪽으로, 왼쪽으로'의 그림과 '아래로, 위로'의 그림을 상황에 따라 같이 사용할 텐데 '아래로의 전개'를 하락이나 하강 등의 마이너스 이미지가 아닌 '뿌리를 단단히 다진다'는 플러스 이미지로 받아들여주면 좋겠다. 그렇게 되면 앞 절의 [그림 4]는 다음과 같은 형태가 되고 '보이지 않는 뿌리'의 소중함이라는 느낌이 들 것이다.

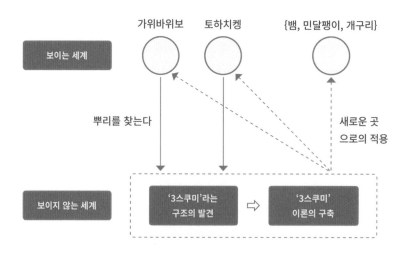

[그림 5]

이렇게 보이는 세계의 사물에서 보이지 않는 세계로 뿌리를 찾아내 뿌리를 단단히 다지고 나서 다시 보이는 세계로 돌아오는 사고방식을 필자는 '입체사고'라고 이름 붙이고 싶다. 사물의 겉만 바라보고 내용이야 어떻든 시종 대충대충 하는 요즘의 풍조를 생각할 때 특히 이 입체사고의 사고방식이 필요하다고 생각한다.

　이것은 후에 '4층 구조 모델'로 발전하여 사물을 보는 법에 위력을 발휘한다.

4

뿌리로부터의 사고

언뜻 보아 따로따로 흩어진 사물들도 한 걸음 물러나서 살펴본다는 사고법, 이를테면 앞 절에서 기술한 '입체사고'는 단순히 철학적인 의미의 '사물을 보는 법'이 아니라 곧바로 실천할 수 있는 사고법이다.

필자는 기업 연수나 학생 수업 등에서 [그림 6]과 같은 ○와 화살

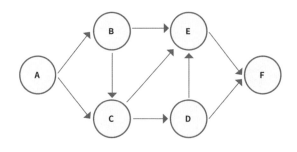

[그림 6]

표로 그려진 그림을 보여주면서 "이것은 무엇을 표현하고 있는 것일까?"라고 질문한 적이 있다.

이때 "A에서 F로 가는 방법이 몇 가지인지 묻는 문제입니다"라고 대답하는 사람이 의외로 많다. 특히 요즘 학생들은 거의 이렇게 대답한다. 이것은 질문의 의도와는 다른 대답이다. 이 질문은 이 그림의 배후에 있는 것이 무엇인지 [그림 3]으로 말하자면 왼쪽에 있는 것은 무엇인지 묻고 있는 것이다. 그런데 그들의 대답은 이 그림의 오른쪽 방향에 무엇이 있는지, 그것도 아주 먼 오른쪽에 무엇이 있는지를 묻는 것이 되는데도 본인들은 그것을 깨닫지 못한다.

여담이지만 이러한 학생들의 기분을 헤아려 보면, 아마 그들의 마음속에는 어떻게든 대답을 하지 않으면 안 된다는 강박관념이 있는 것 같다. 이쪽에서 어떤 문제를 내면 그 문제의 의미를 생각하기보다는 자신이 그 문제를 풀 수 있을지 걱정부터 앞선다. 아까의 대답도 그렇다. '나한테 물으면 곤란한데' 라는 잠재의식이 아까와 같은 대답이 되어 나오는 것이다.

또, 무엇인가 질문을 하면 반사적으로 "모르겠습니다"라고 대답하는 학생들이 있다. 무엇인가 대답하여 그것이 정답이라면 동료들에게 좋게 보이겠지만 틀리면 창피를 당한다. 그러므로 우선 "모르겠습니다"라는 대답으로 그 순간을 빠져나가려는 책략이다. 이런 학생들에게는 다음과 같이 대처하고 있다.

"내 수업에서는 모르겠다고 말하지 마! 모르는 것에는 2가지가 있다. 문제의 의미를 모르겠다는 의미라면 그것은 모르는 것이 아니다. 그것은 문제를 낸 쪽의 책임이기 때문에 몇 번이라도 거듭 설명하겠다. 또한 문제의 의미는 알겠는데 그 대답을 모르겠다는 의미라면 '지금 생각하고 있습니다' 또는 '좀 더 생각할 여유를 주세요'라고 말해. 아무 생각도 하지 않고 곧바로 알 수 있는 것이라면 문제라고 할 수도 없는 것이니까."

요즘 학생들은 빠르게 돌아가는 세상에 대응하기 바빠 천천히 사물을 생각할 시간이 없는 것 같아서 불쌍한 생각이 든다.

이야기를 앞으로 돌이켜보자.

○와 화살표로 그려진 [그림 6]을 보고 "A에서 F로 가는 방법이 몇 가지인지 묻는 문제입니다"라고 대답한 학생에게는 왜 그런 문제라고 생각하는지 물어보곤 하는데, 그 질문의 의미를 못 알아듣는 학생이 많다. 왼쪽으로 생각하는 습관이 없기 때문이다. 어쩔 수 없이 다음과 같은 해설을 시도하게 된다. "너는 그림을 지도로 인식했던 게 아닐까? 그러니까 A에서 B로 가는 길 순서라는 생각이 떠오른 거야."

'그러니까' 하니까 생각나는 것이 있다. 이것도 여담인데 요즘 학생들에게 무엇인가 질문을 하면 "그러니까 저……"라는 말투로 시작하는 경우가 많다. "다짜고짜 그러니까 라고 말하는 경우가 어디 있어?"라고 지적하면 이번에는 "요컨대……"라고 한다. 그럼 다시 "요컨대란 '여러 가지로 말했지만 그것을 요약하면'이라는 뜻인데, 너는 아직 아무 말도 하지 않았잖아"라고 가르치지 않으면 안 된다.

이것은 커뮤니케이션에서 중요한 것인데, 그들에게는 아직 그 중요성에 대한 인식이 없는 것이다. 사실 어른들조차도 이야기를 할 때 '아-'라든가 '에-'라는 말로 시작하는 사람들이 있기 때문에 그 변형이라고 생각할 수도 있긴 하지만…… 아무래도 샛길이 너무 길어진 것 같다. 본제로 돌아가자.

[그림 6]에서 실제로 길 순서의 수를 요구할 일이 필요해졌다고 하자.

○의 수가 적을 때는 그림을 주시하거나, 모든 길 순서를 나열하는 식의 소박한 방법으로도 길 순서의 수를 충분히 구할 수 있지만, ○의 수가 늘어나고 지도가 커지면 아무래도 그런 식으로는 불가능하게 된다.

그렇게 되면 컴퓨터의 도움을 받게 되는데, 그러기 위해서는 그림을 컴퓨터가 읽을 수 있는 형태로 번역하지 않으면 안 된다. 이럴 때 어떻게 하면 좋을지 생각하라고 하면 왼쪽을 보려고 하지 않는 학생들은 여기에서도 애를 먹게 될 뿐이다. 그러나 이 그림을 왼쪽으로 한 발 물러나서 '지도'로 인식한 학생에게는 다음과 같은 표를 만드는 것은 지극히 당연한 일이 된다.

열차시각표에 나와 있는 각 역 사이의 승차운임이나 고속도로의 요금표가 다음과 같은 형태로 되어 있는 것은 상식이기 때문이다.

~에서 \ ~로	A	B	C	D	E	F
A	0	1	1	0	0	0
B	0	0	1	0	1	0
C	0	0	0	1	1	0
D	0	0	0	0	1	1
E	0	0	0	0	0	1
F	0	0	0	0	0	0

[표 1]

여기에서
0은 화살표선이 없는 것
1은 화살표선이 있는 것을 나타낸다

사물이 보이는 방식과 보는 법

[그림 6]과 [표 1]은 겉보기에는 전혀 다른 것 같지만, 왼쪽에 있는 '지도'에서 나타난 현상이라고 생각하면 거기에서 서로 이어지게 된다.

[그림 7]

이 그림이 앞 절의 [그림 5]와 완전히 똑같은 구조를 갖고 있다는 점에 유의하기 바란다.

5

사람 각각의 이미지

　동일한 사물도 보는 사람에 따라 달라 보인다는 것을 1절에서 서술했다. '보이는 것'은 사람들 각자의 머릿속에 만들어진 이미지라고 말해도 좋을 것이다. 우리의 일상행동은 각자가 마음속에 가지고 있는 이미지에 기인한 것이다. 따라서 대화를 아무리 해도 그 이미지가 다르면 이야기가 통하지 않게 된다. 한편 앞 절에서 서술한 학생의 '그러니까……' '요컨대……'는 이와 정반대의 세계이다. 모두 공통된 이미지를 갖고 있다는 것이 전제가 되어 있다. 그래서 다음과 같은 교훈을 남기게 된다.

　"너희 동료들끼리는 대개 같은 나이로 같은 환경에 있기 때문에 갑자기 '그러므로……' '요컨대'라고 해도 통용되지만, 바깥세상으로 나가면 그렇게는 안 된다. 여러 종류의 사람들이 있고 각자 여러 가지를 생각하기 때문이다. 자기가 아무리 확실히 알고 있는 것이라도 상대방에게 통하지 않으면, 상대방 입장에서는 '그 녀석, 정말 뭘 모르네'라고 생각하게 된다. 그러니까 지금부터 사물에 대해 제대로 말하는 법을 익혀 두어라."

이제 사람 각자의 이미지가 다르다는 것을 전제로 이야기를 진행해 보겠다.

다음과 같은 장면을 상상해 보자.

어떤 사람이 '산' 이야기를 한다. 이 사람은 알프스처럼 높은 산을 생각하고 있다. 듣는 쪽은 고향 마을의 사당 뒤에 있는 수목이 울창한 산을 떠올린다.

"산을 오르는 것은 정말 즐거운 일이야."

"그래. 나도 좋아해. 옛날에는 자주 갔었지."

이런 식으로 이야기는 순조롭게 시작된다.

"등산은 삼림욕도 되니까 건강에 참 좋아."

여기서부터 점점 이상하게 된다.

"삼림욕이라고? 무슨 소리야. 식물이라야 겨우 고산식물밖에 없는데. 나는 아무것도 없는 비탈길을 무거운 짐을 지고 걷는 것을 좋아한다고."

"나무가 울창한 산길을 올라가면 얼마나 기분이 좋은데."

"삼림욕 같은 것은 늙은이나 병자가 하는 짓이지 젊은이가 할 일이 아니야."

모처럼 '산'이라는 공통 화제를 이야기하다가 결국은 싸움으로 번지기 십상이다.

물론 '산' 이야기 정도로 싸움까지 하지는 않겠지만, 처음에 서로 다른 이미지를 갖고 있으면 골치 아프게 된다는 예로 든 것이다.

이러한 상황을 피하려면 처음부터 '산'에 대해 확실하게 정의해 두면 좋겠지만, 그것은 이론일 뿐이고 실제로는 그렇게 간단하게 할 수 있는 일이 아니다. 정의라는 것 역시 말을 말로 설명하는 것이기 때문에 결국은 순환논법이 되어버린다. 게다가 말에는 늘 이미지가 붙어 다니는데, 이미지는 각인각색이기 때문에 결국 완전한 동의를 얻는 것은 어렵다는 식으로 이야기는 빙빙 돌게 된다.

결국 대화할 때 상대의 눈치를 보면서 낌새를 파악하여 이상하다고 생각될 때마다 "내가 말하고 있는 '산'은 이런 것인데, 네가 말하는 '산'은 어떤 거야?" 라고 질문하여 오해가 깊어지기 전에 이미지를 맞추는 노력을 할 수밖에 없을 것이다. 낌새의 파악은 이론이 아니다. 상대방에게 자기의 생각을 정확하게 전달하고 싶다는 열의와 상대방의 기분을 존중하는 친절함이다.

사물이 보이는 방식과 보는 법

논리의 혼란을 푼다

앞 절에서 사람들 사이의 대화는 이미지에 기인하여 이루어지는 것이므로, 이미지 맞추기는 논리의 문제가 아니라는 것을 알았다. 그러나 일상생활에서는 이미지의 혼란뿐만 아니라 논리의 혼란이라는 것도 있다. 이것은 사물에 대해 이치로 따져 생각하는 것만으로도 회피할 수 있다. 다음 퀴즈를 풀어보자.

학생 셋이 함께 여행을 떠났다. 날이 저물어 여관에 들어가 숙박료를 물었더니 한 사람 당 1,000원이라고 했다. 그곳에 머무르기로 하고 안내를 받아 방에 들어가자 여관비는 선불이라고 했다. 학생들은 각각 1,000원씩 내서 합계 3,000원을 여관종업원에게 건넸다. 여관종업원이 그것을 카운터에 가지고 갔더니 학생들이라는 이유로 여관주인이 500원을 깎아주었다. 여관종업원은 그 중 200원을 슬쩍하고는 학생들에게 각각 100원씩, 나머지 300원만 돌려주었다.

여기까지가 상황 설명이고 상황에 대해서는 전혀 혼란스러울 것이 없다. 문제는 지금부터다. 다음과 같은 논리 전개로 고민하고 있는 사람을 어떻게 설득할까?

학생들은 각자 1,000원씩 내고 100원씩 돌려받았으니까 결국 한 사람 당 900원씩 여관비를 지불한 셈이다. 세 사람이므로 3×9로서 2,700원이고, 여기에다 시중꾼이 가지고 있는 200원을 더하면 2,900원이다. 분명히 3,000원이어야 하는데 계산이 맞지 않는다.

돈이 사라져버렸을 리는 없으니 뭔가 잘못 생각한 것이 분명하다. 도대체 어디가 어떻게 잘못된 것일까?

기업 연수 때나 학생들에게 이 퀴즈를 내면 처음에는 다들 "그런 것쯤 간단하다"고 하는데, 막상 설명해보라고 하면 도중에서 "어렵쇼?"하는 사람들이 많다. 머릿속에서는 알고 있어도 말로 설명할 수 없는 것이다.

말로 논리를 이리저리 궁리하다가 스스로도 이상하다고 생각하는 것을 말하기 시작한다. 그 중에는 전자계산기를 꺼내어 "학생은 한 사람 당 900원을 지불하지 않았다. 2900÷3=966.66⋯원 지불한 것이다" 등 어이없는 소리를 하는 사람도 나온다.

"이봐, 1,000원 내고 거스름돈을 100원 받았으면 900원 낸 거 아니야?" 라고 하면 그제야 "아참, 그렇죠" 한다.

사물이 보이는 방식과 보는 법

때로는 "이것은 돈에 대한 이야기니까 부기 지식이 필요하다. 나에게는 부기 지식이 없으니까 모르겠다"며 빠져나가려고 하는 사람도 있다. 이런 문제에서 부기 지식 운운하는 것은 닭을 잡는데 작두를 꺼내는 격이다. 이 퀴즈는 내용이 어려운 것은 아니니까 부기 지식은 필요 없다. 필요한 것은 사고의 혼란을 푸는 '행동'이다.

세상에는 거울이라는 것이 있다. 머리 모양이 흐트러지거나 단추가 잘못 끼워졌을 땐 거울에 비추어보면서 고치면 된다. 그러나 생각하는 것은 보이지 않으므로 당연히 거울에 비치지 않는다. 거울에 비추어보면서 고칠 수 없다는 뜻이다.

그렇다면 보이지 않는 것을 보이게 하면 어떨까? <그림>으로 그려보자는 것이다. 그래서 어느 연수에서 그림을 그려보라고 했더니 여관종업원을 그린 사람도 있었는데, 여기서 필요한 그림은 그런 게 아니라 다음과 같은 상황 그림이다.

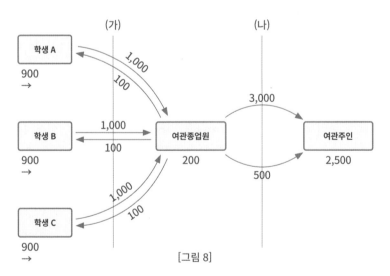

[그림 8]

이것이 상황을 비추는 거울이 된다. 이제 이 거울을 사용하여 논리를 정리하면 된다.

돈의 흐름을 (가)에서 잡으면

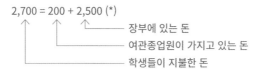

이 되고, (나)에서 잡으면,

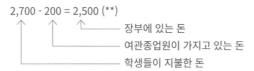

이 된다. (*)식과 (**)식은 같은 것이다.

결과적으로 계산이 맞지 않는다고 고민하는 사람에게 "학생이 지불한 2,700원과 여관종업원이 가지고 있는 200원을 보태니까 안 맞는 것이지 원래는 빼야 되는 거야"라고 하면 이야기는 끝난다.

이 퀴즈의 교훈은 머릿속으로만 생각하는 경우의 위험성과 그림을 그려서 눈에 보이도록 하는 것의 중요성이다. 계산이 맞지 않는다고 고민하는 사람의 문제는 이야기의 본질과는 거의 관계없는 3천 원이 머릿속에서 떠나지 않고 있는 것이다.

이 퀴즈가 3,000원이 아니고 4,500원이었다면 이런 혼란은 일어나지 않았을 것이라고 생각한다. 왠지 모르게 좋은 3이라는 숫자와 느낌이 좋은 3,000원에 속게 되는 것이다.

한 번 빠져든 미로에서 빠져나가는 것은 쉽지 않다. 혼란을 피하는 최선의 방법은 그림을 그려서 생각하고 있는 것을 눈에 보이도록 하는 것이다.

어려운 지식(이 경우는 부기 지식)이 없어도 그림을 그리는 것만으로 해결할 수 있는 것은 매우 많다. 학생들에게도 그림을 그려 생각하는 것의 효력을 역설하지만 반응은 그리 좋지 않다. 그림을 그리는 것이 어렵다는 것이다. 하지만 그것은 학생들이 잘못 생각하고 있는 것이다. 어려운 것이 아니라 귀찮은 것이다. 어려운 것과 귀찮은 것은 다르다는 인식은 중요하다. 어려움의 극복은 두뇌의 문제이고 귀찮음의 극복은 기력의 문제이다.

7

설득 수단으로서의 그림

'그림을 그려 생각하는' 방법은 자기 스스로 납득하는 방법임과 동시에 다른 사람을 설득하는 방법으로도 유용하다.

세상에는 자기 스스로도 납득하지 못하는 것을 말만으로 능숙하게 상대방을 현혹하는 사람들이 있다. 특히 정치가에 많다. 아니, 정치가란 그런 것을 태연하게 할 수 있는 사람이어야 한다고 하는 편이 정확할 것이다.

그래서 <토론>이라는 것이 유행한다. 토론은 어떻게든 상대방을 논리로 굴복시키는 기교이다. 본심이 어떻든 상관없다. 토론에 이기기만 하면 된다. 물론 확실한 자기주장이 있다 해도 표현이 서툴면 상대방을 설득하기 어렵기 때문에 어느 정도의 기교는 필요하다. 그러나 수단이 목적이 되어 버려서는 주객전도다.

사물이 보이는 방식과 보는 법

일본에는 '침묵은 금, 웅변은 은'이라는 속담이 있다. 서구에서는 '먼저 말 걸음'이므로 문화가 다르다. 어느 쪽이 좋다 나쁘다 할 일은 아니다. 단지 필자는 '납득이 없는 곳에 설득은 없다'고 믿고 있기 때문에 우선 자기가 '말하고 싶은 것'을 확실히 납득하고 나서 그 다음에 토론의 기교를 활용해야 한다고 생각한다. '말하고 싶은 것' 없이 단지 말솜씨가 좋은 것만으로 상대방의 마음을 사로잡는 호소력은 없다.

'말하고 싶은 것'은 자신의 주장이다. 주장이라는 것은 그 상황만 빠져나가고 보자는 식의 말맞추기가 아니라 '나는 상황을 이렇게 본다. 그러므로 이렇게 주장한다'는 식의 <뿌리>가 분명한 것이어야 한다. 사물을 뿌리로부터 생각하고 그것을 눈에 보이는 형태로 표현하여 상대방을 설득하는 방법을 논하는 것이 본서의 목적이다. 그리고 눈에 보이는 형태로 표현하는 것이 '그림을 그리는 것'이다.

여관종업원의 문제는 그림을 그리는 것으로 잘 해결되었다. 그러면 어떤 때에 어떤 그림을 그리면 좋을까? 모든 사람을 대상으로 이 문제를 해결하는 매뉴얼 같은 것은 없다. 여러 상황에 직면하여 경험을 쌓는 것밖에는 별 도리가 없다. 그러나 어느 정도 일반적으로 널리 사용할 수 있는 그림은 있다. 다음과 같은 것이다.

우리는 살아 있는 한 무슨 행동이든 하고 있다. 또는 '어떻게 할까' 하며 행동을 결정해야 하는 상황에 늘 직면하고 있다.

제2절에서 사물은 단독으로 존재하지 않고 어떠한 관계로든 서로 연관되어 있으며, 가장 기본적인 관계로서 두 가지 사물의 대칭을 언급하였다. 여기서는 행동과 대칭이 되는 것을 생각해 보자.

행동과 대칭이 되는 것은 상태다. 무엇 때문에 행동하는 것인지 생각해 보면 상태를 바꾸기 위해서라는 답이 나오기 때문이다. '밥을 먹는' 행동은 '공복'이라는 상태를 '만복'이라는 상태로 바꾸기 위함이다. 이 관계를 그림으로 표현하면 다음과 같다.

이 그림을 일반적인 그림으로 바꾸려면 동그라미로 상태를 화살표선으로 행동을 나타내면 된다.

보통 그림을 그린다고 하면 머릿속에서 생각한 결과를 그림으로 표현한다는 이미지가 강하다. 말하자면 그림은 생선회에 곁들여 나오는 무채나 해초처럼 없어도 되지만 있는 편이 멋도 있고 이해하기도 쉽다는 정도로 인식되어 있는 것이다.

그러나 본서의 입장, 필자의 생각은 다르다. 생각한 것을 그림으로 그리는 것이 아니라 생각하기 위하여 그림을 그리는 것이다. 그것을 확인하기 위하여 다음 절에서 또 하나의 퀴즈를 풀어보기로 하겠다.

사물이 보이는 방식과 보는 법

8

위험한 강 건너기 문제

'위험한 강 건너기'라는 문제가 있다.

늘대와 양을 데리고, 양배추가 가득 든 바구니를 짊어진 사람이 길을 가다가 커다란 강기슭에 닿았다. 강 건너편으로 건너고 싶은데 어떻게 하면 될까?

주위를 둘러보니 작은 나룻배가 1척 있다. 아주 작아서 사람이 늘대나 양, 양배추 중에 하나씩만 갖고 탈 수 있다. 그러나 나룻배에 늘대를 싣고 가면 강기슭에 양과 양배추가 남는다. 이것은 안된다. 양이 양배추를 먹어버리기 때문이다. 양배추를 가지고 가면 어떨까? 이것도 안 된다. 강기슭에 늘대와 양만 남으면 늘대가 양을 잡아먹기 때문이다. 이를테면 강기슭에 사람이 없는 {늘대,

양}, {양, 양배추}라는 조합을 만들어서는 안 되는 것이다. 운반한 뒤의 강 건너 기슭에서도 마찬가지다. 단, 사람이 같이 있으면 아무 문제없다.

이 사람이 늑대, 양, 양배추를 모두 무사히 강 건너 쪽으로 옮기려면 어떻게 해야 할까? 가장 효율적인 방법을 찾아라.

이 문제를 냈더니 "선생님, 감독은요?"라고 질문한 학생이 있었다. "감독이 있건 없건 그게 왜 문제가 되지?"라고 되물었더니 "강폭이 좁으면 양배추를 강 건너편으로 던져버리려고요" 한다. 또 "양배추를 나룻배에 싣고, 늑대와 양은 끈으로 묶어서 헤엄치게 하면 됩니다"라고 대답하는 학생도 있었다. 이런 이야기는 언뜻 장난 같지만 결코 그렇지 않다. 이것을 장난치고 있다고 보는 것은 보는 쪽에 고정관념이 있기 때문이다.

보통 우리가 사물을 생각할 때 어떤 식으로든 제한이 있는 쪽이 생각하기 쉽다. 아주 자유롭게 "생각해라!" 하면 대개 무엇을 생각해야 좋을지 알 수 없지만 "이러이러한 조건 하에서 생각해라!" 하면 범위가 정해지기 때문에 생각하기 쉬워진다. 따라서 인간은 사물을 생각할 때 스스로 제한을 정해서 생각하는 습성이 있고, 그 제약에 의해 거꾸로 행동이 제한되어버리는 일이 많다. 돌아서 가게 되지만 다음 수수께끼를 풀어보자.

9개의 점이 같은 간격으로 나열되어 있다. 이 모든 점을 4개의 연속된 직선으로 전부 이어라.

사물이 보이는 방식과 보는 법

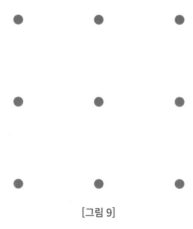

[그림 9]

해답은 [그림 10]이다. 답을 보기 전에 시험 삼아 먼저 해보자.

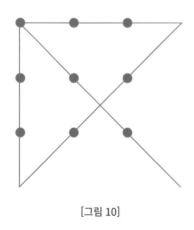

[그림 10]

대부분의 사람들이 실패하는 이유는 점이 있는 곳에서 꺾으려고 하기 때문이다. 해답 그림을 보고 '점이 있는 곳에서 꺾지 않는 것은 비겁하다'는 반론이 나오기도 하지만, 문제에서는 '점이 있는 곳에서 꺾어야 한다'는 단서는 없다. 제멋대로 점이 있는 곳에서 꺾어야 한다고 착각하고 있을 뿐이다.

그럼 다시 강 건너기 문제로 돌아가자. 이 문제의 목적은 '건너편 기슭에 무사히 도착하는 것'이고 나룻배는 그 수단일 뿐이다. 처음부터 '나룻배를 사용해야 한다'는 제약을 의식하면 양배추를 던진다든가 늑대나 양을 헤엄치게 한다는 대답은 불성실한 것으로 간주되어버린다. 사실은 이렇게 '틀을 벗어나 생각하는' 곳에 창조의 싹이 있는 것인데 말이다.

아무튼 여기서는 그것을 양해한 것으로 간주하고 '나룻배를 사용해야 한다'는 전제 하에서 이야기를 진행해 보자. 이 수수께끼는 어린이용이기 때문에 조금만 생각해도 다음과 같은 방법을 생각해 낼 수 있을 것이다.

1. 양을 데리고 간다
2. 사람만 돌아온다
3. 늑대를 데리고 간다
4. 양과 함께 돌아온다
5. 양배추를 옮긴다
6. 인간만 돌아온다
7. 양을 데리고 간다

수수께끼로서의 이야기는 이것으로 끝나지만, 본서에서의 이야기

사물이 보이는 방식과 보는 법

는 이제부터다.

이 퀴즈를 어느 제약된 상황 하에서 어떤 계획을 세우는 일의 장면에 적용해 보자.

일을 부탁한 상사(이 경우 과장이라고 해두자)에게 이와 같은 계획안을 제출했다.

과장: 다 됐나? 어디 보자. 음…… 수고했어.

로 끝나면 이야기는 이것으로 끝. 하지만 그렇게는 안 되는 것이 보통이다.

과장: 음…… 다 좋은데, 이 계획에서는 강을 건너는데 7단계나 걸렸군. 좀 더 효율적인 방법은 없을까? 만약 어쩔 수 없이 7단계가 필요하다고 하더라도 다른 방법, 이를테면 대체안은 없을까?

라는 식으로 주문이 붙는 것은 예상되는 일이다. 이럴 때 계획안을 만든 당사자는 과장을 어떻게 납득시킬 수 있을까?

당사자: 제가 한 일이기 때문에 틀림없습니다.

라고 하는 것은 너무 무모하고 설득력이 없다.

당사자: 글쎄요, 좀 더 생각해보겠습니다.

라고 하는 것은 왠지 모르게 신뢰성이 없다.

당사자가 자신감을 가지고 당당하게 상사를 설득하려면 먼저 본인이 확실하게 납득하고 있어야만 한다. 그러기 위해서는 다음과 같이 그림을 그리면서 생각하는 것이 좋다.

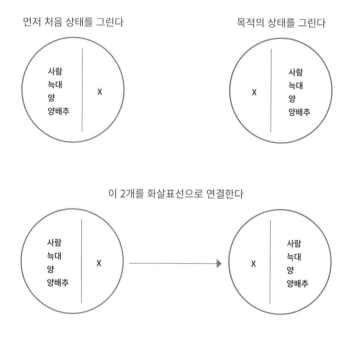

이 그림을 들여다보면서 화살표선의 의미를 생각해 보면 이 화살표선은 '모두 함께 나룻배에 탄다'는 행동을 나타낸다는 것을 알 수 있다. 그러나 이것은 허용되지 않기 때문에 이 그림은 사용할 수 없다.

사물이 보이는 방식과 보는 법

한 번의 행동으로는 바라는 상태 변화를 달성할 수 없는 것이다.

그렇다면 행동을 몇 번 반복해야 한다고 생각할 수밖에 없다. 먼저 첫 번째 강 건너기로 가능한 행동은 무엇인지 생각한다.

ㄱ. 사람만이 건넌다
ㄴ. 늑대를 옮긴다
ㄷ. 양을 옮긴다
ㄹ. 양배추를 옮긴다

의 4가지다. 이때 '사람만이 강을 건너봤자 의미가 없잖아' 라고 생각해서는 안 된다. 머릿속에서 생각하지 않고 그림을 보면서 생각하는 것이 본서의 방법이다.

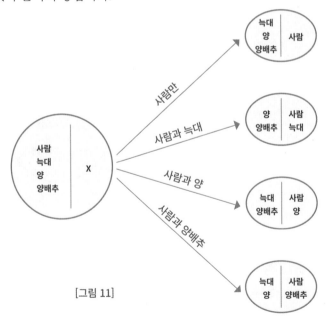

[그림 11]

ㄱ~ㄹ의 4가지 행동을 화살표로 표시하여 그 행동의 결과로서 정해지는 상태를 화살표 끝에 그린다.

여기서 처음으로 행동을 선택한다.

사람만이 건너는 행동에 의미가 없는 것은 확실하다. 따라서 이 화살표는 지운다. 지우개로 지우는 것이 아니라 선택되지 않는다는 의미로 통행금지의 사인을 넣는다. 늑대를 운반하면 그 결과, 출발 쪽의 강기슭에 양과 양배추가 남기 때문에 이 행동도 안 된다. 따라서 이 화살표도 지운다. 양을 옮긴 결과는 괜찮으니까 이것은 남겨둔다. 양배추를 옮기면 늑대와 양이 남게 되니까 안 된다. 그러므로 최초의 행동은 양을 옮기는 것으로 결정한다. 이 상태에서 또 4개의 화살표선을 그려 생각한다.

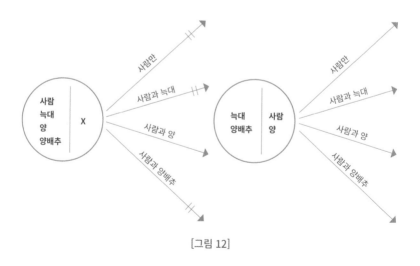

[그림 12]

사람만 돌아온다. 이것은 괜찮으니까 화살표를 지우지 않는다. 늑대를 데리고 온다? 없는 늑대를 데려올 수 없으므로 이 화살표는 지

사물이 보이는 방식과 보는 법

운다. 양을 데리고 온다? 가능한 일이기는 하지만 그렇게 하면 처음 상태로 돌아가 버린다. 지금은 효율성도 조건에 들어 있으므로 헛수고는 필요 없다. 그러므로 이 화살표도 지운다. 양배추를 가져 온다? 없는 양배추를 가져올 수 없으므로 이 화살표는 지운다.

이 결과 '사람만이 돌아온다'는 행동이 선택된다. 여기까지의 결과가 [그림 13]이다.

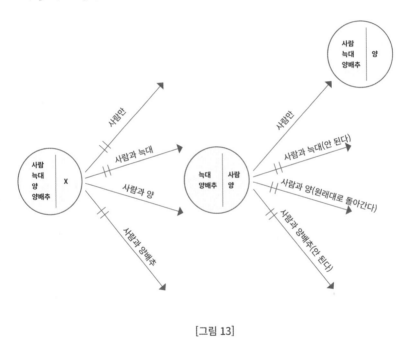

[그림 13]

같은 방식으로 차례차례 그려간 결과가 [그림 14]다.

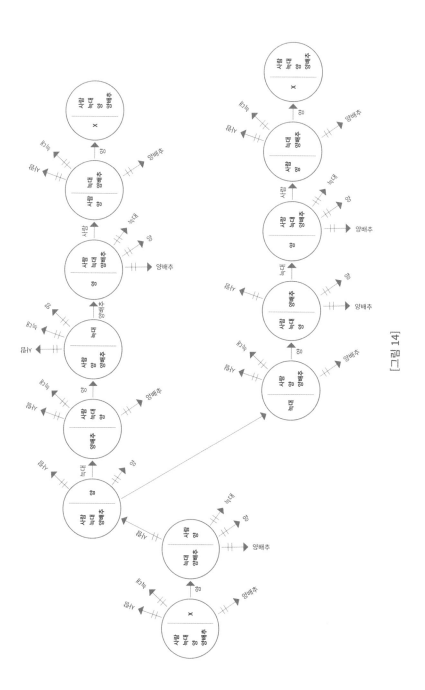

[그림 14]

사물이 보이는 방식과 보는 법

이 그림을 보면 어쩔 수 없이 7단계가 필요하게 되고, 7단계의 행동에는 앞에서 말한 것 말고도 제3단계에서 양배추를 옮기고 제5단계에서 늑대를 옮기는 대체안이 있다는 것을 알 수 있다. 가능성이 있는 모든 행동 중에서 안 되는 것, 비효율적인 것을 지운 결과이므로 이것이 가장 효율이 좋은 방법이라는 것은 확실하다.

이렇게 하여 스스로 확실하게 납득할 수 있으면 상대방도 자신 있게 납득시킬 수 있다. 실제로 과장을 끌어들여 함께 그림을 그릴 수 있으면 설득이라는 의미에서 한층 더 효과를 발휘한다.

그런데 여기서 말해 두고 싶은 것이 있다. 그림을 그리는 동안 제3단계 부분에서 2개의 화살표가 살아남는다. 이때 다른 쪽을 무시하고 우선 한쪽으로만 그려가려고 하는 사람과 1단계씩 동시에 그려가려고 하는 사람으로 나뉜다. 이것은 그 사람의 성격에 의한 것일 뿐 어느 쪽이 좋다 나쁘다 할 문제는 아니다.

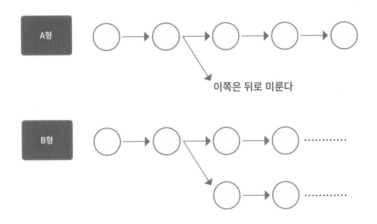

B형으로 그린 사람은 [그림 14]와 똑같은 그림을 그리는 것이 당연하지만, A형으로 그린 사람이 [그림 14]와 똑같이 그렸다면, 그 사람은 '머릿속에서 생각한 것을 그림으로 그리고 있는' 것으로 '그림을 보고 생각한다'는 본서의 주장에 아직 익숙해지지 않은 사람이다.

그 이유는 A형의 사람에게는 5단계에서 늑대를 옮긴다는 화살표를 지울 이유가 없고, 이 화살표는 살아남아 있어야 하기 때문이다. 이 화살표를 살아남게 한 결과의 상태는 B형의 4단계의 상태지만, A형의 그림에서는 이 단계에서의 이 상태는 아직 그림에 나타나 있지 않다.

안 되니까 지우고, 비효율적이니까 지우는 것이 이 그림을 그릴 때의 방침이었다. 늑대를 옮기는 것은 가능하고, 과거에 그 결과의 상태는 없으므로 효율이 나쁘다는 판단을 할 수 없다. B형 쪽이라면 A형이 6단계에서 늑대를 옮긴 결과의 상태가 이미 4단계에서 실현되어 있는 것을 확인할 수 있으므로 4단계로 실현할 수 있는 상태를 6단계 걸려서 만들 필요는 없기 때문에 지우는 것이다.

이와 같이 모든 경우를 열거하여 생각하거나 설득하는 방법은 아무런 예비지식도 필요 없기 때문에 설득의 방법으로서는 최선이라고 생각한다. 필자는 이것을 '마력형 설득법'이라고 부른다. 덧붙여 필자가 생각하는 설득법을 분류하면 다음과 같다.

사물이 보이는 방식과 보는 법

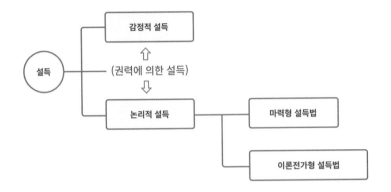

먼저 설득에는 감정적 설득과 논리적 설득이 있고, 그 중간에 권력에 의한 설득이 있다. 권력에 의한 설득이란 설득하는 쪽에 힘이 있는 경우다. 상대방은 감정적으로도 논리적으로도 납득하지 않는데도 거역할 수가 없어서 어쩔 수 없이 설득 당하게 되는 것이다. 본래의 설득과는 조금 의미가 다르지만 일상적으로 흔히 있는 일이다.

그러나 이것도 따져보면, 납득할 수는 없지만 상대방이 좋은 사람이니까 하는 심정으로 납득해버리면 감정적 설득이 되고, 사람은 싫지만 이치 있는 말이니까 듣는다는 생각으로 납득해버리면 논리적 설득이 되기 때문에 결국 감정적 설득과 논리적 설득이라는 두 가지 설득의 패턴 중 하나가 된다.

감정적 설득의 방법은 사람에 따라 가지각색이므로 이런 책에서 왈가왈부할 수는 없고, 술집 같은 곳에서 상대방을 보면서 무릎을 맞대고 할 수밖에 없다.

논리적 설득의 방법은 지금까지 서술해 온 것처럼 말이나 그림을 사용하여 행하게 된다.

그때 강 건너기 문제에서 했던 것처럼 모든 경우를 열거하는 방법을 마력형 설득이라 하는데, 필자가 가장 좋아하는 방법이다. 아무런 학문적 지식도 필요하지 않고 설득해야 할 상대방을 동참하게 해서 함께 생각할 수 있기 때문이다. 그렇게 되면 함께 생각했다는 공통 체험이 그 설득을 더 받아들이기 쉽게 한다. 그것이 인간의 마음이다.

그러나 문제가 복잡해지면 모든 경우를 열거하는 방법은 통용되지 않는다. 경우의 수가 너무 많아져서 시간적으로 처리가 불가능해지기 때문이다. 그래서 등장하는 것이 이론전가형 설득법이다. 이것은 나중에 '모델'에 대한 이야기에서 서술할 작정이므로 그때까지 기다려 주기 바란다.

9

주관과 객관

세상에는 가지각색의 사람이 있고 사람마다 제각각의 이미지를 갖고 있다.

앞 절에서 서술한 '설득'은 어떤 문제를 공유하는 인간의 집단 속에서 서로의 합의를 형성하는 수단이 된다. 사람마다 제각각의 이미지를 갖고 있다는 것은 세상은 기본적으로 주관의 집합이라는 것이기 때문이다. 그렇다면 우리가 흔히 이야기하는 '객관적'이란 도대체 어떤 것일까?

동료와 토론이 벌어졌을 때 "네가 말하는 것은 단지 너의 주관일 뿐이야"라는 말을 들으면 왠지 모르게 대답이 궁색해지고 더욱이 "객관적으로 보면 이것은 이런 거야"라고 추격을 받으면 그 주장의 내용을 납득할 수 없다 해도 반론하기 어려운 분위기가 된다. 왠지 '주관적'이라는 말은 당사자의 독선적인 생각을 나타내는 것 같아서 떳떳하지 못한 느낌이 드는 말이고, 그에 반해 '객관적'이라는 말은 모두가 인정하고 있다는 것을 배경으로 하여 떳떳하게 사용할 수 있는 말이다.

'객관적'이란 참으로 위력적인 말이지만 정말로 '객관적'이라는 것이 있을까? 앞에서 서술한 것처럼 사람들이 서로 이야기를 나눌 때는 각자가 자기 마음속에 어떤 이미지를 가지고 그것에 기인하여 대화가 진행된다. 모든 사람이 완전히 똑같은 이미지를 갖는 일은 절대로 있을 수 없는 일이다.

'객관'에 대한 까다로운 토론은 철학자들에게 맡기고 여기서는 본서의 입장만 명확히 밝혀두자. 본서의 입장은 모든 것에 타당한 '객관'은 없다는 것이다. 있다면 대다수의 '주관'의 일치, 또는 합의일 뿐이다.

이렇게 말하면 "이거 보세요, 잠깐만요! 세상에서 '과학이론'이라고 불리는 것은 객관적인 것이 아닌가요?"라는 반론이 반드시 나온다. 이것에 대해 조금 생각해보자. 수학적인 이야기지만 어려운 건 아니니 놀라지 않기 바란다.

'삼각형의 내각의 합은 2직각이다.'

이것은 대개의 사람들이 알고 있는 수학의 정리이고, 이 사실은 객관적인 것이라고 믿고 있는 사람이 많을 것이다. 그런데 '삼각형의 내각의 합은 2직각보다 크다. 더구나 삼각형이 커질수록 내각의 합은

사물이 보이는 방식과 보는 법

커진다'고 주장하는 사람이 나타나면 어떻게 될까?

우리 인간들에게는 평소에 익숙해져 있는 것을 '옳다'고 믿어버리는 습성이 있다. 따라서 이 경우 내각의 합을 2직각보다 크다고 주장하는 사람은 논리와는 관계없이 '이상한 놈'이라는 딱지가 붙어서 눈에 거슬리는 존재로 배제되기 십상이다.

더욱이 논리적으로 사물을 생각하려고 할 때 옳은 것은 단 하나뿐이라는 신념이 우리 마음속에 잠재해 있기 때문에 이야기는 더 꼬이게 된다. 삼각형의 내각의 합은 2직각인가? 아니면 그보다 더 큰 것인가? 어느 쪽이 옳은 것인지 결론을 내지 않으면 성이 안 풀리기 때문이다.

결론을 먼저 말해두자면 양쪽 다 옳다. 그것을 설명하기 위하여 여기에서 '옳다'라는 것의 의미를 명확히 해두자. 수학과 같은 논리적인 사고를 할 경우 '옳다'에는 두 가지의 의미가 있다.

하나는 사실로서 옳은 것이고, 또 하나는 논리전개의 절차에 틀림이 없다는 것이다. 논리전개의 절차에 틀림이 없다는 것은, 예를 들면 'A가 B보다 크고, B가 C보다 크면 A는 C보다 크다'와 같은 논리의 형식에 위반되지 않는다는 것을 말한다.

이것에 반하여 사실로서 옳다는 것은 '돌을 던지면 아래로 떨어진다'든가 '온도가 내려가면 물이 언다'는 등의 일상경험 같은 것으로 모두가 '옳다'고 인정하고 있는 것이다. 이 경우에는 일상경험을 함께 하고 있는 어느 집단에서는 '옳은' 것이 다른 집단에서는 '옳지 않은' 것이 될 수도 있다.

삼각형의 내각의 합에 대한 주장이 양쪽 모두 옳다는 것은 논리전개의 절차에 어느 쪽도 틀림이 없다는 의미에서다.

그럼 틀림이 없는 논리전개에서 왜 다른 결론이 나오는 것일까? 논리전개는 '이것이것이다. 그러므로 이것이것이다'와 같이 이어져가는 것이다. 따라서 최초의 '이것이것'이라는 사실이 다르면 당연히 거기에서 도출되는 결론은 달라진다. 그리고 최초의 '이것이것'이라는 사실은 그 사실을 보는 사람(또는 집단)에 따라 달라지는 것이다.

내각의 합이 2직각이라는 정리는 지금으로부터 2천년 전, 아직 지구가 평면이라고 알고 있었을 때에 만들어진 유크리드 기하학에서의 정리다. 평면상에 그려진 삼각형에서 내각의 합이 2직각이라는 증명은 그림을 그려 간단히 할 수 있다. 증명 그 자체의 설명은 생략하기로 하고, 증명에 사용하는 그림만 들어보겠다.

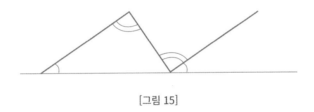

[그림 15]

그런데 지금은 지구가 둥글다는 것을 초등학생도 알고 있다. 지구를 둥근 공 모양으로 생각하고 다음과 같은 장면을 상상한다. 북극에서 경도 0°의 선을 따라 남쪽으로 걸어가서 적도가 나오면 거기에서 직각으로 왼쪽으로 꺾어서 경도 90°까지 걸어간다.

사물이 보이는 방식과 보는 법

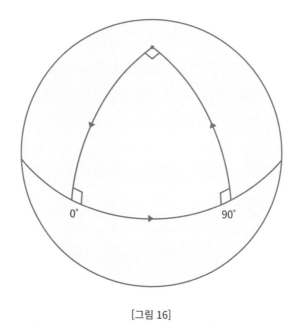

[그림 16]

거기에서 또 직각으로 왼쪽으로 꺾어서 북상하면 출발점인 북극으로 돌아오는데 그 발자국은 커다란 삼각형이 된다. 그리고 출발할 때 남하한 선과 지금 온 순서와는 직각으로 교차하기 때문에 지구상에 그려진 커다란 삼각형의 내각의 합은 3직각이 된다. [그림 16]

이 그림을 보면 삼각형이 커질수록 내각의 합이 커진다는 것도 알 수 있을 것이다.

그러므로 이 2개의 주장은 그 전제가 되는 입장이 다를 뿐 논리적으로는 둘 다 '옳다'는 것이다.

결론만을 들추어 그것만으로 토론을 하는 것은 무모한 일이다. 왜 그런 주장이 나오는지 원점으로 돌아가 생각할 필요가 있다. 그것이 바로 보이는 것의 배후에는 '누군가(무엇인가)'가 있다는 '보는 법'의 발상이고, 2절에서 서술한 한 발 물러서서 본다는 발상이다.

물론 이 경우 사용되는 말은 같아도 그 개념은 달라진다. 평면상에서의 '직선'은 '일직선'이라는 개념으로 취급되지만 구면상의 '직선'은 '일직선'이 아니다. 둥근 지구의 표면상에서 '일직선'이라고 생각하는 직선을 지구 밖에서 보면 구부러져 보인다. 그러나 둘 다 '두 점을 잇는 최단거리'라는 직선의 성질을 공통적으로 갖고 있다.

수학의 세계에서는 이밖에 삼각형의 내각의 합이 2직각보다 작다고 주장하는 입장의 기하학도 있는데, 이것 역시 논리적으로 '옳은' 것으로서 공존하고 있다.

이처럼 '옳은' 것이 많을 경우 그 중 어느 것을 선택할지는 옳음과는 전혀 다른 차원의 기준에 의한다. 집을 지을 때 지구는 둥글다며 '내각의 합이 2직각보다 큰 기하학'을 채용하는 사람은 없다. 계산만 복잡해질 뿐이다. 한편, 바다를 항해하는 배가 '삼각형의 내각의 합이 2직각'이 되는 기하학을 채용하면 배는 모두 잠수함이 될 수밖에 없다.

일상생활에서도 '옳다'든가 '좋다'든가 하는 가치관을 동반하는 말은 어지간히 신중하게 사용하지 않으면 쓸데없는 분쟁의 씨앗이 된다. '옳다'거나 '좋다'는 것은 그것을 판단하는 사람의 주관이고, 그것을 공유하는 집단은 존재해도 그것이 모든 집단에 보편적·절대적·객관적으로 통용되는 것이 아니기 때문이다.

맑은 날씨가 계속될 때 "좋은 날씨가 계속되니 참 좋군요"라고 인사한다고 해보자. 본인은 그렇게 생각하고 있다 해도 인사를 받는 상대가 우산 장수나 비옷 장수라면 두들겨 맞을지도 모른다. 비와 관련된 도구를 파는 사람에게는 비나 눈이 내리는 날씨가 '좋은' 날씨인 것이다.

이와 같이 모순된 주장에 대한 쓸데없는 논쟁을 피하려면 '어째서 그런지' 묻는 것으로 그렇게 주장하게 된 입장을 명확히 하고, 그 다음에 어느 쪽의 주장을 선택할지는 다른 차원의 평가 기준을 도입하여 생각해야 한다.

10

사물을 보는 법

　지금까지는 '눈에 보이는 사물'에 대한 조금 소극적인 이야기였지만, 이제부터는 더욱 적극적으로 대상을 보는 법에 대하여 생각해 보겠다. 심리학 분야에서 유명한 그림이 있다. [그림 17]

다의도형(아내와 시어머니)
(프랭크 볼링, 1930)

[그림 17]

이 그림은 보는 각도에 따라 할머니로도 보이고 젊은 여자로도 보인다.

여기에는 대상을 보는 사람의 의식이 작용하고 있다. 우리는 일상생활에서 '보인다'는 수동적인 경우와 '의식적으로 본다'는 능동적인 경우를 따로따로 나누어 쓰고 있는 것 같다.

다음 장면을 생각해 보자.

어느 화창한 봄날 오후에 남자와 여자 그리고 사내아이가 공원에서 도시락을 펼쳐놓고 있다.

그곳을 지나가는 사람이 아무 느낌 없이 지나쳐버리면 그저 그런 것으로서 이 세 사람은 존재조차 기억에 남지 않을 것이다. 그러나 인간 집단에 대해 관심을 갖고 있는 사람이라면 아마 이 세 사람을 '가족'으로 인식할 것이다.

그리고 다음 날, 이 세 사람을 어느 작은 가게 앞에서 보았다고 하자. 남자는 가게의 선반에서 물건을 내리고 있다. 여자는 장부에 무엇인가를 쓰고 있다. 남자아이는 가게 앞을 빗자루로 쓸고 있다. 이런 상황이라면 이 세 사람의 집단은 작은 '회사'로 인식될 것이다.

똑 같은 세 사람의 인간 집단이 장면에 따라서 '가족'으로 인식되기도 하고 '회사'로 인식되기도 한다. 사실은 가족도 아니고 회사도 아니고 우연히 그런 장면이 연출된 상황도 생각할 수 있다.

이것은 '상대가 무엇일까?'라는 것보다 '상대를 어떻게 볼까?'라고 하는 보는 쪽의 자세에 의존하고 있는 것이라고 말할 수 있다. 상대가 어떻게 보일지는 보는 쪽에 이미 그 마음가짐이 있기 때문이다. 이 경우에도 인간 집단에 관심이 있는 사람이기 때문에 대상을 '가족'으로 보기도 하고 '회사'로 보기도 하는 것이며, 관심이 다르면 보는 법은 전혀 달라진다.

결혼 상대를 찾고 있는 결혼 적령기의 남성 앞에 아름다운 여성이 나타나면, 그 남성의 눈에는 그 여성만 보이고 '아름다운 여자'라는 생각만 남아 나중에 신원조사를 시작할지도 모른다. 이를 테면 관심이 다르면 같은 대상도 달라 보인다는 뜻이다.

이것은 무엇인가 행동을 취하려고 할 때의 문제의식이 된다. 문제의식이 없으면 눈앞에 있는 것도 보이지 않는다. 자신이 무엇을 해야 할지, 왜 그래야 하는지 라는 문제의식은 모든 인간 행동의 원점이다.

11

사물을 연결지어
생각하는 시스템 사고

본서의 기본자세는 서두의 수수께끼와 [그림 3]이 시사하는 것처럼 '보이는 것'의 왼쪽에 사물의 근원이 있고 '보이는 것'은 그 현상이라는 사고방식이다. 그 근원이 실제로 무엇인지 찾으려는 것은 아니다. 그것을 추구하는 것은 아마 그 누구도 불가능할 것이다. 여기서 말하고 싶은 것은 모든 사물의 근원에는 그것을 묶는 '무엇인가'가 있다는 신념이다. 그 무엇인가가 어떤 것이든 상관없다. 중요한 것은 근원이 있다는 신념이고 모든 것은 그 근원에서 연결되어 있다는 사고방식이다.

보이는 세계의 사물을 보이지 않는 근원으로 돌아가 연결하는 사고법을 '시스템 사고'라고 한다.

'시스템 사고'는 대상을 물리적 실체의 집합으로서가 아니라 관계에 의해 이어진 전체로서 인식한다. 앞 절에서 똑같은 세 사람의 인간 집단이 어떤 경우에는 '가족'으로 보이고, 어떤 경우에는 '기업'으로 보이는 것은 이 '관계로 보는 법'의 결과이다. 시스템 사고에서는 대상을 인식할 때 다음과 같은 방법을 쓴다.

대상이 되는 사물 또는 상황을 끄집어낸다. 그리고 그것과 어떠한 관계로든 연관되어 있는 것들을 모아서 하나의 그룹을 만든다. 다음에 그 그룹의 모든 멤버와 관계있는 것을 모아서 한 패에 넣는다. 이런 식으로 차근차근 그룹의 멤버를 불려가다 보면, 최초의 멤버를 중심으로 동심원적으로 늘어간다는 느낌으로 그려진다. [그림 18]

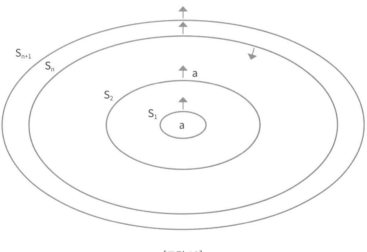

[그림 18]

이 조작은 관계의 종류에 따라서는 끝없이 계속되기 때문에 어딘가에서 중단하지 않으면 큰일 난다. 그것은 시스템 사고를 하는 인간의 판단에 맡겨진다. 앞 절에서 서술한 것처럼 인간이 행동을 할 때에는

사물이 보이는 방식과 보는 법

어떠한 문제의식·의도가 있을 것이다. 그 문제의식이나 의도에 따라서 이 조작을 중단하는 것이다. 명확한 문제의식이나 의도가 없으면 조작은 끝없이 계속될 수밖에 없다.

옛날부터 전해오는 재미있는 이야기가 있다. 박식한 노인과 덜렁이의 대화이다.

덜렁이: 할아버지, 도쿄에서 서쪽으로 계속 가면 어디가 나올
　　　까요?
노인: 오사카겠지.
덜렁이: 거기에서 또 점점 서쪽으로 가면요?
노인: 큐슈겠지.
덜렁이: 거기에서 또 계속 서쪽으로 가면요?
노인: 당나라 천축일 거야.
덜렁이: 거기에서 또 점점 서쪽으로 가면요?
노인: 멀쩡한 사람이라면 그쯤에서 돌아올 거야.

대상에서 어떤 시스템을 구성해가는 절차를 중단하는 것은 그야말로 '멀쩡한' 판단이다. 그것은 더 이상 범위를 넓혀봤자 지금의 문제의식에서 멀어질 뿐이기 때문에 이 정도까지를 수비범위로 하자는 결심이다. 이때 바깥을 한번 보고 나서 경계를 정한다는 점이 중요하고, 이것이 과학적 방법과 다른 점이다.

과학은 먼저 전체가 주어져 그것을 분할하는 것으로부터 시작된다. 전체의 바깥쪽 일은 생각하지 않는다. 그리고 또 과학은 실체를 본다.

'이것은 무엇일까?'라는 의문이 과학의 근원이다. 이에 반해 시스템 사고는 전체를 스스로 정하고 실체가 아닌 관계에 주목한다는 점에서 과학과는 크게 다르다.

과학은 연구 대상을 부분적으로 분할하여 그 부분의 성질을 해명하는 것으로써 전체에 대한 지식을 얻는다고 할 수 있다. 거기에는 이미 따로따로 분리된 것도 재구성함으로써 원래의 전체로 돌아온다는 사고방식이다. 이것은 사물을 기계로 보는 방법이다.

의료 세계에서 장기 이식 등을 하는 것은 인간을 기계로 간주하고 부품을 교환한다는 사고방식이다. 거기에는 살아있는 전체로서의 인간을 생각하는 사상이 결핍되어 있다고 필자는 생각한다. 장기 이식 기술이 지금보다 더욱 더 발달하면 다음과 같은 장면도 생각할 수 있다.

"당신은 누구십니까?"
"심장은 A씨, 간은 B씨, 위는 C씨…… 그리고 두뇌는 Z씨입니다."
도대체 나는 누구일까요?

가족들이 언제까지나 오래 살았으면 하는 바람은 모든 사람이 기본적으로 갖고 있는 마음이다. 그 범위에서는 장기 이식은 '좋은' 것일 것이다. 그러나 그 장기를 어디에서 조달할까라는 문제가 되면 사태는 집안문제를 떠나 사회문제가 된다. 장기가 매매의 대상이라도 되어 위험한 조달 조직 등이 탄생하는 날에는 장기이식은 사회적으로는 '악'이 된다.

사물을 어떻게 생각해야 할까? 제대로 된 판단이 필요하게 된다.

사람은 누구나 개인, 가족, 지역, 기업, 국가 등 여러 범위에 속하지 않으면 안 된다. 당연히 모순이 발생하고 그 모순이 마음의 갈등을 낳지만, 우리는 그것을 극복하며 살아가야만 한다. 그렇게 하기 위해서는 사물을 어떻게 생각해야 할까? 그리고 그 방법은?

다음 장에서는 '생각한다는 것은 어떤 것인가'에 대하여 생각해 보자.

2

사물에 대한
사고법

1

생각이란?

우리 인간은 자고 있을 때를 제외하고는 늘 무엇인가를 생각하고 있다. 형태 없는 망상 같은 것부터 구체적인 무엇인가에 대한 생각까지 종류는 아주 다양하지만 하여튼 무엇인가 계속 생각하고 있다.

깨어 있을 때에는 아무 생각하지 않는 편이 오히려 어렵다. 여기서는 멈추지 않는 망상 종류는 잠시 접어두고 무엇인가에 대하여 '의식적으로 생각하는' 것에 대하여 생각하겠다.

인간이란 이상한 동물이다. 생각하고 있는 자신에 대하여 생각할 수 있고, 그렇게 하고 있는 자신에 대하여 생각할 수 있다. 마치 마주 보고 있는 2개의 거울에 비춘 상이 무한으로 겹쳐지는 것처럼 생각하고 있는 자신도 무한으로 겹쳐간다. 예로부터 수많은 철학자들을 괴롭힌 문제다. 그것은 인간이 말을 사용하는 것을 익힌 이후의 고민이

겠지만, 어려운 것은 철학자들에게 맡기고 우리는 일상생활에 밀착된 부분으로만 이야기를 한정하자.

왜 우리는 생각하는 것일까? 아마 그것은 모르는 것을 알 수 있도록 하기 위함일 것이다. 모른다는 것은 왠지 불안하고 무서운 것이다. 인간이 말을 익히기 전에는 분명히 그러한 불안을 '왓-'이라든가 '꺅-'이라든가 큰소리를 내어 달래거나 아니면 그림이라도 그려서 안심하는 정도의 것밖에 할 수 없었을 것이다. 그리고 말을 익힌 후에는 새로 '설명'이라는 수단을 생각해 내어 그것으로 안심·납득하게끔 되었을 것이다.

아무래도 이 '안다'는 것에는 두 종류가 있는 것 같다. 하나는 '이해'이고 또 하나는 '납득'이다. 그것은 설득하는 경우에 논리적 설득과 감정적 설득이 있었던 것에 대응한다. 이 장에서는 이 2가지의 차이에 대하여 생각해 보기로 하겠다.

사물에 대한 사고법

2

이해와 납득

다음 퀴즈를 생각해 보자.

문제는 '성냥개비 6개로 정삼각형을 4개 만드는' 것이고 답은 '정
사면체라는 입체'다.

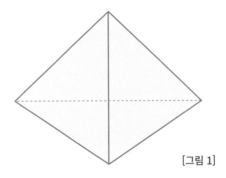

[그림 1]

필자는 아주 최근까지 수업이나 연수 등에서 이 퀴즈를 1장에서 다룬 9개의 점을 4개의 선으로 나누는 퀴즈와 함께 '발상의 전환, 고정관념으로부터의 탈출'을 설명하기 위해 사용했다. 그때의 논법은 다음과 같은 것이었다.

어떤 일을 할 때, 제약조건이 명확하게 주어져 있으면 행동을 선택하기 쉽다. 그 때문에 사실은 제약이 없는데 '있다'고 제멋대로 믿어버리는 경우가 많다.

그 예가 바로, 9개의 점을 4개의 선으로 나누는 퀴즈를 풀 때 점이 있는 곳에서 꺾고 싶어 하는 것이다. 마찬가지 이유로 6개의 성냥개비 문제도 해답은 '정사면체를 입체로' 만드는 것인데, 평면에 구애되기 때문에 안 되는 것이다.

그런데 최근에 필자의 연구회 학생들에게 이 퀴즈를 풀어보도록 했더니, 아래의 [그림 2 (가)]와 같은 것을 만들어 "푼 것 같습니다!"라고 말하는 학생이 있었다.

옛날 같으면 선생의 권위로 "틀렸다!"는 한 마디로 끝냈을 테지만 지금은 "어라, 이것도 이치는 맞구나"라고 생각하게 되었다. 그러나 왠지 유쾌하지 않은 표정을 짓고 있는 필자의 얼굴을 보고 "틀렸나요?" 한다. "틀리지는 않았지만 또 다른 것은 없을까?" 라고 하자 다른 학생이 "저도 푼 것 같습니다" 하며 보여준 것이 [그림 2 (나)]이다.

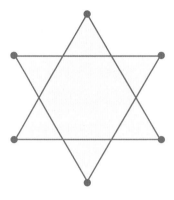

[그림 2 (가)]

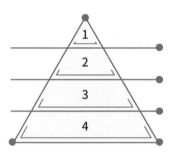

[그림 2 (나)]

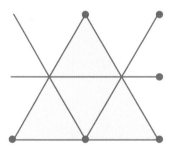

[그림 2 (다)]

옛날과 달리 필자가 이들의 답에 '틀렸다'고 하지 않았던 것은 다음과 같은 반론을 할 수 있기 때문이다. [그림 2 (가)]는 삼각형을 4개 만들라고 했는데 6개 있으면 충분하지 않은가 할 테고 [그림 2 (나)]는 삼각형의 크기가 모두 똑같아야 한다는 제한은 없지 않은가 할 것이다. 기분이 나쁜 것은 성냥개비가 교차하고 있는 [그림 2 (다)]인데, 이것 또한 교차해서는 안 된다는 제한은 붙어 있지 않다고 할 것이다. 이렇게 생각하면 [그림 2 (다)]는 삼각형이 딱 4개이고 그림 밸런스도 좋기 때문에 훌륭한 해답이 될 수 있다.

그때 또 다른 학생이 "풀었습니다!" 하며 보여준 것이 입체의 정사면체 [그림 1]이다. 앞의 세 학생은 당연히 "입체로 하는 것은 반칙이다!"라고 반론했지만, 한편으로는 "그렇구나. 참 잘했어"라고 납득하는 표정을 지었던 것도 사실이다.

그렇다면 여기에 예를 든 4개의 해답은 각각 그것을 정당화할 수 있는 이치에 맞는 이유가 있다. 따라서 이치로서 말하자면 모두 정답이라고 말할 수밖에 없다.

하지만 그림을 죽 나열해 보면 [그림 1]의 정사면체가 가장 납득할 수 있을 것 같은 기분이 든다. 그 증거는 퀴즈를 풀어 [그림 2]의 (가) (나) (다)를 만든 학생들 중에 "풀었다!"고 선언한 사람이 없다는 사실이다. 이치를 설명하면 확실히 해답이 되지만 왠지 모르게 썩 내키지 않는 기분이 들기 때문일 것이다.

일상생활에서도 이와 비슷한 상황은 자주 있다. "이치적으로는 맞아. 하지만 말이야."라고 말하게 되는 경우 말이다. 여기서 필자는 '이해'와 '납득'의 차이를 본다. 이해는 하지만 납득은 하지 못한다는 상황이다. 논리적으로 반론할 수 없기 때문에 어쩔 수 없이 받아들이는 것이 '이해'이고, 논리 없이 감각적으로 딱 들어맞는 기분이 드는 것이 '납득'이다.

이렇게 생각하면 우리가 자연스럽게 쓰고 있는 '알았다'라는 말에도 '이해'와 '납득'의 두 종류가 있다고 생각할 수 있다. 교실이나 회의에서의 알았다는 '이해'이고, 술집 등에서의 알았다는 '납득'일 것이다.

따라서 타인을 설득하는 것에도 '이론적으로 굴복'시키는 것과 술집 등에서 '감정적으로 설득'하는 것, 2가지의 설득법이 있게 된다. 회사 등에서 인망이 있는 상사들은 이런 설득법을 능숙하게 사용하는 사람들임에 틀림없다.

인간에게 이러한 이치와 감정의 세계가 있는 것은 옛날부터 심리학자 등이 말하고 있는 것이고, 우리도 대부분 당연한 것으로 받아들이고 있다. 문제는 그 다음이다.

'인간에게는 논리의 세계와 감정의 세계가 있다'는 식으로 2개의 세계를 구별해 버리면, 이것은 논리, 이것은 감정이라는 식으로 저것은 저것, 이것은 이것으로 분류되어 따로따로 지식을 격납하게 되어 버릴 뿐이다.

대개 전통적인 서양의 사고방식 위에 짜여 있는 근대 과학적 방법은 사물을 분해하는 것으로부터 시작되고, 2개의 것을 대립시켜 생각하는 것이 기본이다. 여기에 동양의 사고법과의 근본적인 차이가 있다. 동양에서는 2개의 사물을 대립이 아닌 '대칭'으로, 즉 한쪽이 존재하기 때문에 존재하는 것이고, 그것은 분리할 수 없다고 생각한다.

'명암'은 '명'이 있기 때문에 '암'이 있다는 식으로, 양자를 대칭적 사물로 보는 동양적 사고에 대하여, 서양 사고에서는 '밝음'을 'Lux'라는 절대적인 척도로 바꾸어 놓는다. 객관적으로 계측되는 '밝기'라는 양을 가져오는 것으로 '암'이 없어도 '명'을 측정할 수 있는 것이다.

이것은 서양이 일신교에 의해 길러진 풍토에서 유래한다고 생각된다. 그러나 그것을 논하는 것은 본서의 범위가 아니므로 다른 기회로 미루겠지만 이러한 사고법이 우리들 속에 자연스럽게 스며들어 있는 것에 사람들은 의외로 무관심하다.

2개의 막대 A와 B가 있다. 어느 쪽이 더 긴지 비교할 때 2개의 막대를 직접 대보면 간단할 것을 굳이 그 길이를 측정하여 'A는 5㎝, B는 3㎝이기 때문에 A가 길다'는 식이다. '과학적 = 계량적'이라는 주문에 현혹되어 우리는 소박한 감각이나 '뿌리'를 잃어버린 채 오른쪽으로 오른쪽으로 서둘러 간다.

하여튼 2개의 사물을 대립시켜 생각하는 서양적 사고에서는 감정과 논리 또한 상호배타적, 대립하는 것으로서 취급된다.

본서의 목적은 이것과는 반대로 과학적 방법에 의하여 뿔뿔이 흩어져버린 것을 묶는 방법을 생각하는 것이다.

그렇다면 본서에서 해야 할 것은 논리와 감정이 서로 어떻게 이어져 있는지 찾고, 그 구조를 명확히 하는 것이다. 필자는 이 문제를 다루는 하나의 모델로서 '4층 구조 모델'이라는 것을 생각해냈다. 다음에 그것을 소개하고, 그 다음은 그것을 사용하여 논리와 감정, 이해와 납득의 위치 부여 등을 해가겠다.

4층 구조 모델

4층 구조 모델은 다음의 [그림 3]과 같은 장치다.

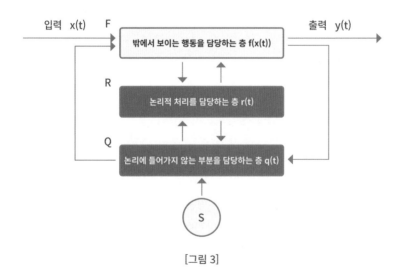

[그림 3]

이 모델에 대한 자세한 설명은 뒤로 미루고, 먼저 이 그림을 사용하여 구체적인 상황을 그려보기로 하자. 그러면 이 모델의 의미도 자연스럽게 이해할 수 있을 것이다.

어떤 회사의 사무실 모습을 상상해보자. 젊은 직원이 상사에게 차를 부탁받는 장면이다. 이 경우 차를 끓이는 것은 직원의 본래의 일이 아니라고 해 둔다.

상사가 "나, 차 한 잔만 주지 않겠어?"라고 말한 경우와 "어이! 차 한 잔!"이라고 말한 경우, 당연히 직원의 마음의 움직임은 다를 것이고, 직원의 행동도 그에 따라서 달라질 것이다. 여기서 우리가 생각할 것은 직원의 마음의 움직임과 밖으로 나타나는 행동, 즉 다른 사람 눈에 보이는 직원의 행동이다.

"나, 차 한 잔만 주지 않겠어?"라는 말도 "어이! 차 한 잔!"이라는 말도 직원에 대한 입력으로서 [그림 3]의 F라는 Box에 입력된다. F로의 입력은 일반적으로 x로 나타낸다. 그 결과로 나타나는 직원의 행동은 다른 사람 눈에도 보이는 형태로 F에서 출력된다. 이것을 y라고 한다. 여기서 중요한 것은 직원에 대한 입력 x도, 출력 y도 다른 사람이 볼 수 있다는 것이다.

입력 x를 받은 직원이 냉정한 타입이라면, 상사의 말을 그저 물리적 행동 지령으로 해석하고, 당연히 차를 끓여 상사에게 가지고 간다. 그것이 출력 y이다. 그 모습을 보고 있는 동료들 역시 '그는 시킨 일을 했을' 뿐으로 별로 이상하게 생각하지 않는다.

그러나 이 직원이 대단히 감정적인 타입이라면, 상사의 말투에 따라 행동이 크게 좌우될 것이고, 비록 차를 끓여서 갖다 준다 하더라도 그 행동에 차이가 있을 것이다. "나, 차 한 잔만 주지 않겠어?"의 경우에는 웃는 얼굴로 "드세요"라는 한 마디라도 덧붙이겠지만, "어이! 차한 잔!"의 경우에는 무뚝뚝한 얼굴로 차를 가지고 갈 것이다. 때로는불쾌한 얼굴로 차를 끓이는 것을 거부할지도 모른다. 그 행동은 다른사람에게도 보이는 것이다.

그렇다면 직원의 마음의 움직임과 행동을 4층 구조 모델로 생각해보겠다.

직원에 대한 입력 x, "나, 차 한 잔만 주지 않겠어?"라든가 "어이! 차한 잔!" 속에는 '차를 끓이는' 물리적인 행위의 요구와 '말투'라는심리적인 것이 있다. 직원에 대한 입력 x 중, 물리적 행위의 요구는 R Box에 들어가고 '말투' 쪽은 Q Box에 들어간다.

R Box로의 입력을 '논리성분', Q Box로의 입력을 '감정성분'이라고 이름 붙이면, 상사로부터의 입력 가운데 '논리성분'만을 받고 있는한, 그 출력은 '차를 끓여가지고 간다'가 되지만, 감정성분을 Q Box에서 받으면 "나, 차 한 잔만 주지 않겠어?"일 때와 "어이! 차 한 잔!"일때의 행동은 천지차이가 된다. 전자의 경우에는 상냥한 대응이 출력되겠지만, 후자의 경우에는 무뚝뚝한 얼굴 아니면 의뢰 거부라는 행동이 출력될 것이다. [그림 4]

이렇게 말하면 이야기는 간단한 것 같지만 사실 직원의 행동은 그렇게 간단하게 결정되는 것이 아니다. "어이! 차 한 잔!"의 경우 "쳇,상사랍시고 뻐기고 있군. 내가 하는 일은 차 심부름이 아니야. 누가차 따위 끓일 줄 알아? 그런데 상대는 상사란 말이지. 잘못 대항했다간 그 다음이 문제거든. 할 수 없지. 그냥 끓여다줄까? 아니야. 역시 마음에 들지 않아. 그만 두겠어. 차 정도는 스스로 끓여 마시라고.
하지만 말이야……"라는 식의 갈등을 몇 번 겪고 나서 행동을 하게
된다.

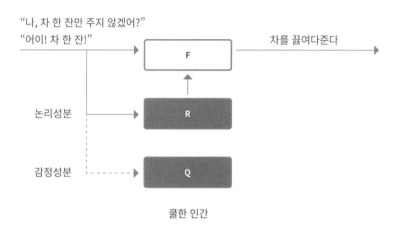

쿨한 인간

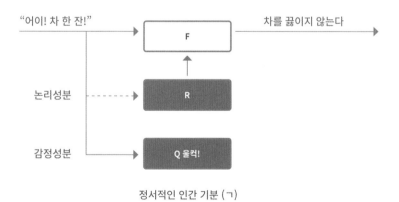

정서적인 인간 기분 (ㄱ)

[그림 4]

사물에 대한 사고법

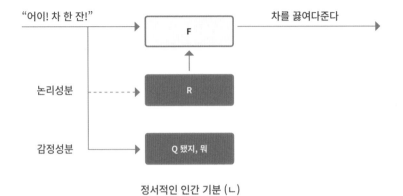

"어이! 차 한 잔!"　　　　　　　　　　　　　차를 끓여다준다

F

논리성분 ┈┈▶ R

감정성분 ─────▶ Q 됐지, 뭐

정서적인 인간 기분 (ㄴ)

[그림 4]

이것은 직원의 마음속에서 R에서의 논리판단과 Q에서의 감정판단이 서로 교차하여 행해지는 것으로 인간생활에는 항상 따라다니는 이른바 숙명과 같은 것이다. 나쓰메 소세키도 '풀베개'의 서두에서 이렇게 말하고 있다.

"이치에 치우치면 모가 난다. 그렇다고 너무 정에 치우치는 것도
안 될 일이다. …… 아무튼 사람 사는 세상은 참 어렵다."

여기서 직원의 마음의 움직임을 그림으로 나타내면 다음과 같다. 이것은 4층 구조 모델을 시간적으로 전개한 것이다.

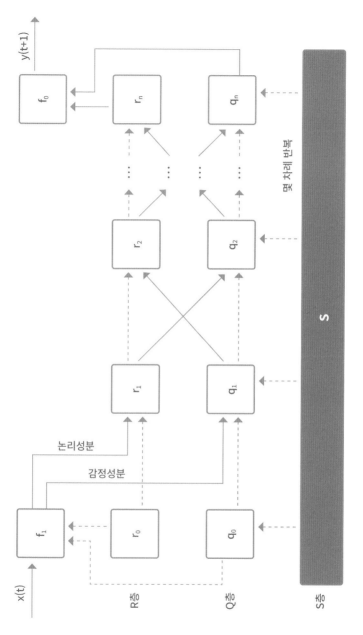

[그림 5]

사물에 대한 사고법

여기서 주의할 것이 있다. 실제로 모델을 사용하여 사물을 생각할 때, 경솔하게 어떤 장면만을 잘라 생각하는 것은 위험하다. 일반적으로 직원이 상사의 말투에 영향을 받는 정도는 그동안의 상사와 직원 사이의 관계가 어땠는지에 따라 달라지기 때문이다.

난폭한 말투가 상대방을 납득시키는 경우가 있는가 하면, 정중한 말투가 '어금니에 무엇인가 끼어 있는 듯한' 것이 되어 오히려 기분이 상하게 되는 경우가 있다. 그러나 여기에서는 4층 구조 모델을 설명하는 것이 목적이기 때문에 두 사람 사이의 과거 관계는 무시하고 한 장면만 잘라 다룬 것이다. 모델을 만드는 법과 사용법에 대해서는 제3장에서 자세히 설명하겠다.

[그림 4]에서는 [그림 3]이나 [그림 5]에 나타난 4층 구조 모델의 S의 부분이 결여되어 있는데, 이것은 S가 필요 없다는 것이 아니다. 커뮤니케이션에서는 오히려 S가 본질적인 역할을 한다. S는 인간의 혼의 근원과 같은 것이다. 그리고 이것은 삼라만상, 만물의 근원이기도 하다. 이것을 공유하고 있기 때문에 인간은 인종이 다르고 언어가 달라도 의사소통을 할 수 있는 것이고, 또한 동물이나 식물과도 대화할 수 있는 것이다. S는 근원이기 때문에 S에는 다른 Box로부터의 입력선이 없는 것이 특징이다. 여기에서 서술한 상사와 직원의 사이에는 인간으로서의 공통된 S가 있는 것이 대전제가 되어 있다.

다음 절에서는 이 4층 구조 모델로 '상대'를 제대로 보는 법을 다루기로 하겠다.

4층 구조 모델로
상대를 보는 법

보이는 것의 배후에 '무엇인가'가 있고, 보이는 것은 그 하나의 현상이라고 생각하는 것이 본서의 기본자세다. 따라서 눈앞에 존재하는 것의 배후에 있는 '것'에 대하여 설명을 붙여야 한다.

[그림 3]에 나타난 4층 구조 모델은 설명을 붙이는 쪽의 인간을 염두에 두고 쓴 것이지만, 비추어진 상대의 배후에 있는 것을 설명하자면 상대도 역시 4층 구조를 가지고 있다고 생각하는 것이 자연스러울 것이다.

그것을 염두에 두고 상대를 보면 상대의 구조나 움직임이 이론적으로 가능한 경우와 그렇지 않은 경우가 있다. 이때 4층 구조 모델의 R이나 Q의 Box의 내용은 다음과 같이 변한다. [그림 6]

사물에 대한 사고법

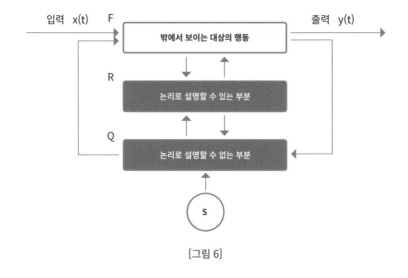

[그림 6]

앞에서 인간은 이상한 것이나 알 수 없는 것에는 '설명'을 붙여 안심한다고 말했다. 이 설명이 바로 이치다. 이치에는 확실한 이론에 뒷받침된 것도 있고 억지이론인 것도 있다. 또 이론과 닮은 말로 논리라는 것이 있다. 이치를 따지는 사람에 대해 "저 사람은 이론적이다"라든가 "저 사람은 논리적이다"라고 말하는데 그때 우리는 그 차이를 별로 의식하지 않는다. 하지만 조금만 생각해 보면 어딘가 다른 듯한 느낌이 든다.

여기서는 너무 까다로운 것은 다루지 않겠지만 '논리적'이라는 것은 "○○이니까 ××이다"라는 식의 부분적·직선적인 논법인데 반하여 '이론적'이라는 것은 전체적으로 내용에 모순이 없는 체제를 의미하는 듯한 평면적인 확장성을 갖는 느낌이 있다.

따라서 "저 사람은 논리적이다"라고 할 때에는 '이야기에 조리가 있기 때문에 반론할 수가 없다'는 차가운 느낌이고, "저 사람은 이론적이다"라고 할 때에는 정확한 사고의 체계를 갖고 있다는 따뜻한 느낌이 된다. 부분적으로는 '논리적'이지만 전체로서 일관된 '이론'이 없다는 경우가 있을 수 있다는 뜻이다. 정치가에는 논리적 인간은 많지만 이론적 인간은 적다.

여기에서는 '논리적'과 '이론적'을 종잡아서 '이치'라고 해두겠다. 이 '이치'는 문제와 관계있는 당사자들의 대다수 사이에서 합의가 형성되어 있는 것이 중요하다. 대다수의 사람이 인정하는 이치는 시대나 지역에 따라 다르다.

지구가 평면이라고 인식하고 있었을 때의 기하학과 둥글다고 인식했을 때의 기하학이 다르다는 것은 앞 장에서 살펴본 그대로다. 지역에 따라 다른 것은 현재 지구상에 존재하는 여러 나라의 풍습·문화를 보면 된다. 어떤 나라에서는 당연시되는 것이 다른 나라에서는 터부시되는 것이 많다. 왜 그것이 터부시되는가에 대한 명확한 설명은 어렵다. 설령 어떤 이치로든 설명이 가능하다 해도 그 설명을 납득하고 받아들일지 어떨지는 또 다른 문제가 된다. 그런 주변의 구조를 생각하는 것이 다음 절에서 다루는 凹형 모델이다.

사물에 대한 사고법

5

凹형 모델

보는 쪽과 보이는 쪽은 똑같이 4층 구조를 갖는다는 인식을 전제로 이 양자를 함께 그리면 다음과 같은 구조가 된다.

여기서 '세상'이 凹형으로 표현되어 있는 점이 이 모델의 핵심이다.

앞에서 말했듯이 서양의 사고법은 2개의 것을 대립시켜 생각하는 것이 기본이다. 거기에는 보는 주체와 보이는 객체의 분리가 있다. 이러한 서양적 사고법을 받아들인 서구식 사고는 인간과 자연을 분리하여 대치시켜서 인간이 자연을 지배한다는 사상이고, 그것이 현대사회의 위기를 초래하고 있다.

그에 반해 우리 동양의 사상은 자타 비분리의 사상이고, 이제부터는 동양사상이 아니면 안 된다고 설교하는 사람도 나오고 있다.

동양적인 자타 비분리의 사상은 1930년대 태생으로 오랫동안 일본 사람으로 살고 있는 필자도 좋아하는 사고방식이다. 그러나 친구와 이야기를 할 때 이야기하고 있는 자신과 상대가 있는 것은 확실하고, 이것을 물리적으로 자타 비분리하는 것은 불가능하다.

그렇다면 자타 비분리라는 것은 물리적인 것이 아니고 사고로서의 물체라는 것을 알 수 있다. 기분 상 이어져 있는, 이를테면 보이지 않는 곳에서 이어져 있다는 뜻이다.

[그림 7]을 보면서 이야기를 진행하도록 하자.

[그림 7]

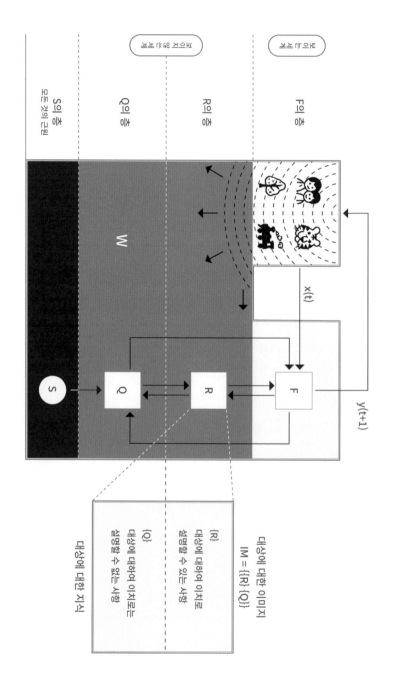

S의 층
모든 것의 근원

Q의 층

R의 층

F의 층

W

S

Q

R

F

x(t)

y(t+1)

객관 세계의 흐름

주관 세계의 흐름

대상에 대한 이미지
IM = {{R} {Q}}

{R}
대상에 대하여 이치로
설명할 수 있는 사항

{Q}
대상에 대하여 이치로는
설명할 수 없는 사항

대상에 대한 지식

우리가 살고 있는 세상을 W로 나타내기로 한다. 凹의 전체가 W다. 그리고 凹형의 위쪽의 돌출된 부분이 우리의 눈에 보이는 보통의 현실세계다. 凹형의 오른쪽에 있는 4층 구조는 대상을 보는 주체를 나타내고, 왼쪽에 있는 것은 눈에 보이는 대상이다.

이 레벨에서는 보는 주체와 보이는 객체가 분리되어 있다. 그림에서는 인간, 호랑이(동물), 나무(식물) 등의 자연물과 SL(인공물)을 들여놓았는데, 구체적인 물체뿐만 아니라 상황과 같은 것도 대상이 될 수 있다.

그런데 대상을 보는 인간에게는 대상으로부터의 입력 $x(t)$가 들어온다. 이 모델은 시간과 함께 변화하는 상황을 다루므로 들어온 입력이 몇 시인지 나타내기 위하여 그 시각을 나타내는 t라는 기호가 붙어 있다. 그것을 받은 인간은 그때 가지고 있는 자신의 지식이나 경험에 의해 대상에 대한 설명을 생각하고 그것을 말 또는 기호로 표현한다. 그 결과, 설명이 가능한 부분은 Box R에 수납되고 설명이 불가능한 부분은 Box Q에 수납된다.

Box R이나 Box Q는, 작용을 나타냄과 동시에 작용의 결과를 격납하는 장소로서의 기능도 가지고 있다. 이렇게 하여 새로 만들어진 것이 대상에 대한 이미지다. 그림에서는 W의 바깥쪽에 그려놓았다. 정확히 말하면 대상 그 자체가 4층 구조를 갖는 것이 아니고 4층 구조를 갖는 것으로 인식되는 것이다. 그것은 인식자의 '속에' 있는 것이고, 보통의 의미로 세상에 존재하는 것은 아니다. 그림에서 W의 바깥쪽에 그린 것은 그런 의미이다.

사물에 대한 사고법

여기까지 오면 보이는 객체는 보는 주체 속에 이미지로서 받아들여지게 되고 자타 비분리가 달성되게 된다. 따라서 이제부터는 보는 주체에 대해서만 생각하면 된다.

이제 인식의 구조·내용에 대해서 좀 더 자세히 보기로 하자.

4층 구조 모델에서 R이라고 이름 붙여진 Box는 화살표선을 따라 옮겨지는 R로의 입력을 이치에 따라 처리하는 작용을 함과 동시에 그 작용의 결과를 격납하는 장소이기도 하다. 격납된 내용의 전체를 {R}로 나타낸다.

R의 작용으로는 처리할 수 없는 사항, 이를테면 이치로는 설명할 수 없는 사항은 Q로 이름 붙여진 Box의 내용이 된다. 그것을 {Q}로 나타낸다. Q의 작용 자체는 이치로는 설명할 수 없는 것이다. 딱 잘라 말하기는 어렵지만 그냥 간단히 감정의 작용이라고 해두자. 이 부근이 이 모델의 까다로운 곳이다. Q의 작용이 이치로 설명 되면 그것은 {R}의 내용이 된다. 인간의 마음의 움직임에는 이치로 설명할 수 없는 부분이 있는데, 그 작용을 Q라고 부른다는 것이 정확한 표현일 것이다.

인식자가 대상에 대하여 갖는 이미지의 전체를 IM이라고 쓰기로 하자. 그러면 IM = {{R}, {Q}}가 된다. 여기서 오해가 없도록 다음의 사항을 확인하여 두자.

R이나 Q는 관찰 가능한 밖으로부터의 입력 $x(t)$를 역시 관찰 가능한 출력 $y(t)$로 변환하는 작용을 보이지 않는 곳에서 조종하는 것인데, 그들은 분리 독립하여 움직이는 것이 아니고 앞 절의 [그림 5]에서 본 것처럼 상호작용하며 움직인다.

따라서 그들의 작용에 의해 만들어진 이미지 IM의 내용 {R}이나 {Q}}는, 반드시 {R}은 R에서, {Q}는 Q에서 만들어진 것이 아니라는 것이다. 그것은 R과 Q의 상호작용의 결과다. 이때 결과적으로 이치로 설명이 되는 것은 {R}의 내용이 되고, 설명이 되지 않는 부분은 {Q}에 보존된다. {Q}의 내용은 {R} 이외의 모든 것이라고 생각해도 좋다.

우리가 객관적인 '지식'이나 '상식'이라고 생각하고 있는 것은 {R}의 내용물이다.

6

{R}과 {Q}의 내용물

이미지 IM = {{R}, {Q}}는 '세상'을 보는 관찰자 쪽에서 만드는 것이기 때문에 관찰자와 그의 동료들 사이에서는 {R}인 것이 다른 집단에서는 {Q}일 수 있다. 오히려 그러한 것이 보통이다. 어느 시대, 어느 지역에서는 '지식'이나 '상식'인 것이 다른 시대나 지역에서는 그렇지 않은 경우가 꽤 많기 때문이다.

그런데 {R}은 이치로 설명이 되는 사항의 집합이라고 했다. 이치는 말로 이야기할 수 있으므로 {R}은 말로 설명된 사항의 집합이고, 말로는 설명되지 않는 또는 말로는 표현할 수 없는 사항의 집합은 {Q}라는 뜻이다.

사실 말이라는 것은 인간 활동의 모든 것에 본질적인 연관을 가지고 있다. 말이라는 것 속에 필자는 인간이 사용하고 있는 자연 언어는 물론, 컴퓨터 언어와 같은 인공 언어, 기호에 의한 언어까지를 포함한다.

여기서 필자가 '언어'라는 표현을 쓰지 않고 '말'이라고 한 것에는 의미가 있다. 정보전달을 위한 언어라고 하게 되면 인간 이외의 동물도 어떤 류의 언어를 가지고 있다고 생각되기 때문이다. 그러나 그것은 인간이 사용하고 있는 분절화된 언어와는 다르다. 여기에서는 인간이 사용하는 언어, 그것을 말이라고 부르고 말만을 대상으로 한다.

말이 분절화되어 있다는 것은 본질적으로 말은 디지털이라는 뜻이다. 따라서 말에 의해 설명, 또는 표현된 사항은 모두 한 번은 디지털 정보로 해체되어 있다. 그리고 R의 작용은 모두 말에 의해 행해진다. 거꾸로 말하자면 말에 의한 처리가 R의 작용이고, 그 결과가 {R}이라고 하는 편이 더 정확할지도 모른다.

한편 {Q}의 내용은 말로는 설명 또는 표현할 수 없는 사항의 집합이고, 그 속에는 희로애락의 감정, 충실감, 불안감과 같은 감정이 들어 있다. 사실 {Q}의 내용은 '말로 설명할 수 없는 것'이라고 하면서 이렇게 말로 설명하고 있는 것 자체가 모순이지만, {Q}의 내용을 다른 사람에게 설명하기 위한 방법이 현재로서는 말밖에 없으니 어쩔 수 없다. 여기는 초언어적 작용이라고 생각하고 양해해 주었으면 한다.

{Q}의 내용은 본래 말로서는 설명할 수 없는 '구뉴구뉴'가 충만한 것이라고 생각하는 것이 적절하다. 구뉴구뉴는 얽히고설킨 것이 응축된 상태를 뜻한다. 아무것도 식별할 수 없는 본래 의미로서의 혼돈의 세계다. 그 혼돈의 세계 {Q}로부터, 밖으로부터의 입력(자극)에 대응

하여 {R}의 속으로, 디지털 정보로 교환되어 수납된 것이 바로 '정보'다.

따라서 그때에 {Q} 속에 존재하고 있는 많은 내용이 탈락한다. 경험주의 철학자 흄은 '인간이 태어났을 때는 이 {Q}의 속이 빈 상태, 이를테면 빈 집합'이라고 말했다. 그러나 필자의 입장은 그렇지 않다. 거기에는 S로부터 오는 <무엇인가>가 이미 충만해 있다고 생각한다.

{Q}의 속은 이와 같이 본래 말로 설명할 수 없는, 식별 불가능한 '구뉴구뉴'의 집합이지만 {R}의 속은 어느 정도 식별이 가능하다.

먼저 {R}의 대표로서 '무슨 學' '무슨 論'이라는 논리의 체계가 있다. 그 집합을 [R]로 쓰자. '과학이론'은 이 범주에 들어간다. 다음으로 "나의 젊은 시절은 이랬었다"든가 "나의 장래의 꿈은 이러이러하다"와 같이 말로 이야기되는 이미지가 있다. 이것은 (R)로 한다. 마지막으로 '수학'과 같은 기호만의 체계가 있다. 이것을 'R'로 하여 둔다. 이것은 일상 언어로는 표현할 수 없지만 본서에서는 말 속에 기호도 포함하고 있으므로 {R}의 부류에 넣을 수 있다.

이것에 대응하여 {Q} 쪽을 굳이 나누어 나타낸 것이 [그림 8]이다. S층이 열쇠 형태가 되어 있는 것은 만물의 근원으로서 공통된 S 속에 인간 개인의 근원이 포함되어 있고 거기에서 개인의 아이덴티티(동질성)가 나오는 것을 나타내고 싶었기 때문이다. 더욱 좋은 표현은 없을까 생각 중이므로 독자 여러분들도 가르침을 주시면 감사하겠다.

이렇게 그려놓고 보면 인간의 마음의 활동 중에서 과학에 의해 점유되는 영역이 대단히 좁다는 것을 알 수 있다. 그저 왼쪽 위에 있는 일화 [R]에 지나지 않는다. 20세기 특히 그 후반에 우리는 과학의 빛에 시선을 빼앗기고 이 일화가 세상의 모든 것인 것처럼 착각에 사로잡혀 있었다. 이를 테면 '세상 = [R]'이라는 시각이다. 반해버린 눈에는 곰보도 보조개로 보인다고 하지 않던가! 하지만 과학의 성과인 [R]로 우리의 가장 가까운 일상의 세계까지 모두 설명이 되는 것일까?

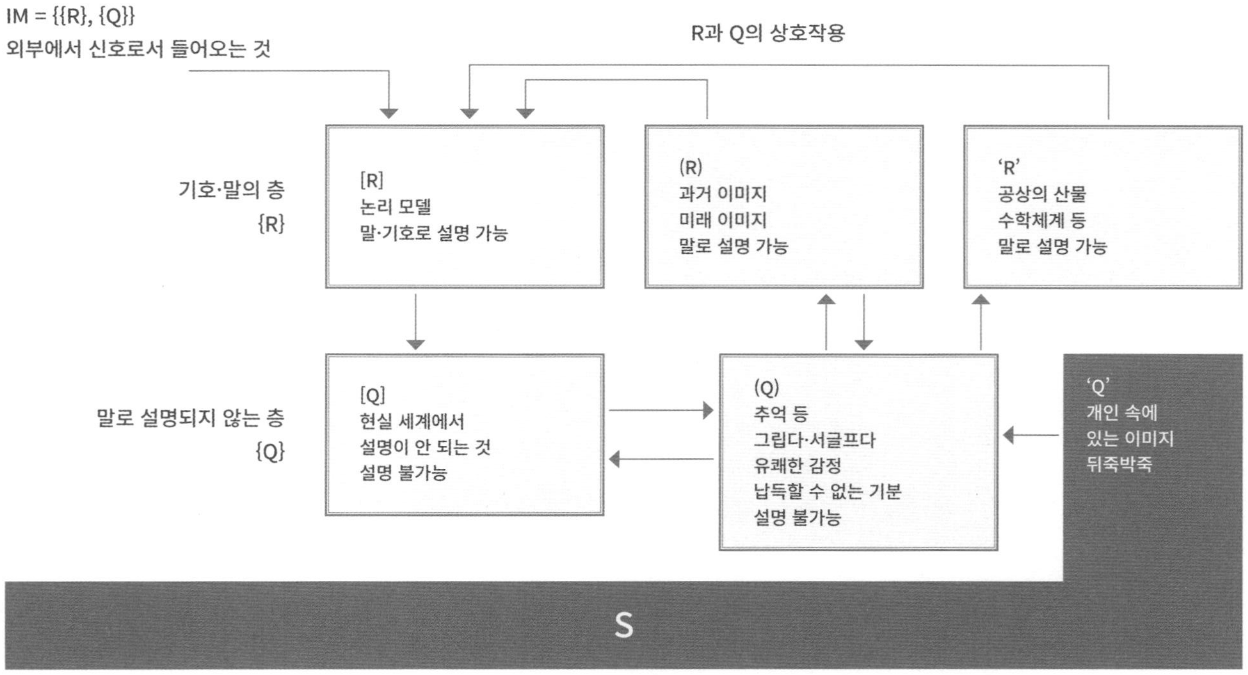

IM = {[R], [Q]}
외부에서 신호로서 들어오는 것

R과 Q의 상호작용

기호·말의 층
[R]

[R]
논리 모델
말·기호로 설명 가능

[R]
과거 이미지
미래 이미지
말로 설명 가능

'R'
공상의 산물
수학체계 등
말로 설명 가능

말로 설명되지 않는 층
[Q]

[Q]
현실 세계에서
설명이 안 되는 것
설명 불가능

[Q]
추억 등
그림다·심볼코다
유쾌한 감정
납득할 수 있는 기분
설명 불가능

'Q'
개인 속에
있는 이미지
뒤죽박죽

S

[그림 8]

[R]의 속에는 '처음 속도 얼마에서 각도 몇 도로 쏘아 올린 물체의 궤도는 이러이러하고, 쏘아올리고 나서 몇 초 또는 몇 시간 후에는 이러이러한 장소에 도달한다'는 지식도 들어 있다. 이러한 지식을 사용하여 인간은 달에 도착하고 인공위성을 쏘아올리고 있다. 반면에 매년 세계 여기저기에서 일어나는 가뭄이나 홍수에는 손을 놓고 있다.

오른쪽으로 오른쪽으로만 생각하는 과학은 먼 것에 대해서는 부분적으로 효력을 발휘하지만 가까운 것에는 그만큼의 효과가 없는 것이 아닐까 하는 의문이 생긴다. 우리 주변에는 과학 이론으로 해결되지 않는 일들이 얼마든지 있다. 야구선수가 전자계산기를 한 손에 들고 계산을 하면서 타구를 쫓는 모습을 야구장에서 보는 일은 없다. 그럼에도 불구하고 우리는 [R]로 세상 모든 것을 설명할 수 있다는 환상에 빠져 있었던 것이 20세기였다. 가까운 인간 생활에는 [R] 이외의 것이 다수 있다는 정도가 아니라 거의가 [R] 이외의 것이라는 것을 재확인하고 과학의 수비 범위를 냉정히 볼 줄 알아야 할 것이다.

본 절의 마지막에 참고적으로 R{R}, Q{Q}에 대한 일람표를 표시해 두는데, 이것은 '세상'을 냉정하게 절대적으로 분류하는 것이 아니라는 것을 거듭 말해두고 싶다. 이쪽이 R{R}이라면 이쪽은 Q{Q}일 것이라고 하는 상대적인 것일 뿐이다.

대상	R 및 {R}	Q 및 {Q}	S
일반	질서 선형 디지털 단순계	혼돈 비선형 아날로그 복잡계	사물의 근원
인간	지식 논리 이해 이성 의식 표면지[3]	지혜 직관 납득 감성 무의식 암묵지[4]	(암묵지) 원형, 집합 적 무의식
사회	과학·기술 문명 신학	예술 문화 신앙	풍토, 민족적
특성 뉴사이언스	명재계[5]	암재계[6]	

---

3 경험적으로 알고 있는 사실이나 지식
4 경험적으로 사용하는 지식이지만 간단히 말로 설명할 수 없는 지식
5 사람이 인식할 수 있는 세계
6 사람이 인식할 수 없는 세계

7

Q와 R의 분리 이전

4층 구조 모델은 우리 마음속에 이치의 작용 R과, 이치에 편승하지 않는 작용 Q가 있다는 것을 나타낸 것인데, 이 발상의 배경에는 우리의 일상생활에 이치의 세계와 감정의 세계가 있다는 소박한 감각이 기본으로 깔려 있다. 그런데 인간 이외의 동물에게도 이치라는 것이 있을까?

나쓰메 소세키의 '고양이'는 이치를 말하지만, 사실 개나 고양이가 사물을 이치적으로 생각한다고는 말할 수 없다. 자세한 것은 진화론의 문제가 되는데, 인간 역시 생겨난 지 얼마 안 됐을 무렵에는 분명히 이치 따위는 없었을 것이다. 오랜 세월이 지나는 동안 인간은 말을 발명하고 그것에 의해 이치를 말하는 것을 익혔을 것이다.

그렇다면 아주 오랜 옛날에는 R은 없고 Q만 있었다는 뜻이 된다.

사물에 대한 사고법

아직 말을 가지고 있지 않았던 당시의 인간이 자신의 기분을 표현하려면 소리를 낸다든가 그림을 그리는 일밖에 없었을 것이다.

소리는 지금으로서는 당연히 들을 수 없지만 그림은 남아 있다. 알타미라나 라스코 동굴에 남아있는 태고의 벽화는 유명하다. 이들의 의미에 대해서 현대적 관점으로 해석한 여러 가지 이치가 있지만, 실제로는 그들의 {Q}인 구뉴구뉴의 표현이었을 것이다.

거기에는 현대의 우리가 잊고 있는 또는 의식적으로 피하고 있는 S층으로부터의 충동이 분명히 있었을 것이다. 그리고 아마 이것이 회화예술의 시작일 것이다. 현대에도 '전통적'인 회화예술가는 S → Q → F로서의 표현을 찾아서 격투하고 있다. 여기서 필자가 일부러 '전통적'이라고 한 것은 최근에는 컴퓨터를 사용한 새로운 타입의 예술가가 나타나고 있기 때문이다.

조금 다른 이야기가 되겠지만 일본에는 '하이쿠'라는 것이 있다. 내용을 버리고 형식만을 생각하면, 하이쿠는 이로하[7] 48문자로부터 다쿠텐[8] 등도 포함하여 17문자를 선택하여 나열한 것이다. 따라서 'ぁ ぁぁぁぁ ぁぁぁぁぁ ぁぁぁぁぁ'로부터 'んんんん んんんん んん んんんん'까지를 전부 연결하여 하이쿠 대회에 임하면 우승은 틀림없을 것이고, 이와 같은 순열을 컴퓨터로 찍어내는 프로그램을 만드는 것도 간단하다. 하지만 아무도 이것을 하려 하지 않는 것은 왜일까?

---

7 10세기말~11세기 중반으로 추정되는 작자 미상의 운문. 7,5조로 48문자로 구성되고 이로하로 시작되는 가요. '이로하'는 초보가 습득해 두어야할 기본이라는 의미를 갖는다.

8 다쿠텐 또는 다쿠온부라고도 함. 탁음을 표현하기 위해 가나(일본문자) 오른쪽 위에 붙이는 기호

하나는, 이런 식으로 만들어진 하이쿠는 총수가 어마어마하게 많아서 그 속에서 명구를 선택해내는 작업에는 엄청난 시간이 걸리기 때문이다. 아마도 지구상에 사는 모든 사람이 기원 원년부터 1구 당 1초씩 체크했다 해도 아직 반도 채 체크하지 못했을 것이다.

또한 본질적인 것은 무엇을 가지고 '명구'라고 할까 하는 객관적인 판정 기준이 없다는 것이다. 명구는 선정자의 Q와 감상하는 쪽의 Q에 의한다. 그러나 음악이나 그림의 세계에서는 이것에 가까운 일이 행해지기 시작하고 있다. 몇 개인가의 소재를 원칙으로 컴퓨터로 처리하여 차례차례로 처리하는 결과를 듣거나 보거나 해서 이것이!라고 하는 것을 선택하는 것이다.

필자는 거기에서 종래의 예술과는 이질적인 것을 느낀다. 전통적인 예술이 S → Q → F의 라인에서의 '창작'인 것에 반하여 컴퓨터라는 R의 조작을 개입시킨 것은 일종의 '선택'이라고 생각하기 때문이다. 어느 쪽이 좋다 나쁘다의 문제가 아니고 질 자체가 변하고 있는 것은 아닌가 생각하는 것이다.

컴퓨터의 출현이 수학의 질을 바꾸고 있지만, 예술 쪽에서도 이러한 변화가 일어나고 있다는 것은 우리의 생활 전체가 크게 변화해가고 있다는 뜻일 것이다. 도달점은 아직 모른다…….

앞에서 풀었던 6개의 성냥개비 퀴즈 때 입체의 정사면체를 가지고 정답이라고 하는 것에 '납득'한다고 서술했는데, 거기에서도 몇 개의 답이 나온 다음에는 그 중에서의 선택이었다는 견해도 가능하다. 그렇다면 '납득'이란 {Q}의 구뉴구뉴 속에서 '이것이다!'라고 느끼는 것이 전부라고 생각하는 것도 가능하다.

그러고 보니 이야기가 조금 엇갈린 것 같다. 원래대로 돌아가자. 옛날에는 Q와 R이 분리되어 있지 않았다. 아니, Q밖에 없었다고 하는 편이 좋을 것이다. R이 분리된 것은 말이 정비되고 인간이 이치로 사물을 생각하게 되면서부터다. 아마도 그리스의 철학자가 그 시작일 것이다.

인간에 가깝다고 일컬어지는 유인원들은 동료끼리 교신하는 언어를 갖고 있다고 하는데, 그것은 의미를 전달하는 한 덩어리의 발성이지 인간처럼 단어를 나열하여 문장을 만드는 것은 아니라고 한다. 단어라고 하는 따로 따로 흩어진 것을 모아서 끼리끼리 통용되는 글을 만든다는 것은 거기에 공통된 규칙이 존재한다는 것이고, 이것은 R의 역할이다. 이를테면 인류는 언어의 취득과 함께 R을 획득한 것이 된다.

8

과학의 임무

본장 2절에서 '이해'와 '납득'의 차이를 살펴보았다. 이것을 4층 구조 모델로 보면 '이해'는 R의 레벨이고, '납득'은 Q의 레벨이라고 말할 수 있을 것이다. '이해'라는 것은 이론으로 반론할 수 없기 때문에 우선 받아들이는 것이고, '납득'은 이론 없이 "그렇다!"고 수용하는 감각이다. 우리가 '안다'고 할 때도 이 양쪽을 일괄하여 포함하고 있는 것은 이미 보았다. 교실이나 회의에서 알았다고 하는 것은 '이해'고, 술집 등에서 알았다고 하는 것은 '납득'이다.

그런데 '안다'는 것이 우리의 생활 속에서 소중한 이유는 그 뒤에 '모르는 것'이 있기 때문이다. 인류의 역사는 모르는 것을 알게 하려는 과정이 축적된 것이라고 말해도 좋다.

모르는 것에는 본서에서 다룬 퀴즈 같은 인위적인 문제도 있지만,

옛날의 원시적인 인간들에게는 더욱 생활에 밀착된 모름이 있었음이 분명하다. 모르는 것은 마음에 불안을 빚어낸다. 이러한 불안의 근거는 4층 구조 모델의 Q 또는 S 레벨의 것이다.

인간은 이 Q에 머무는 불안을 해소하기 위하여 여러 가지 행동을 생각해 낸다. 그것이 종교의 기초가 되는 것인데 본서의 범위를 넘어서는 것이기 때문에 다른 기회로 미루기로 하자. 현대의 우리 세계에도 모르는 것은 아주 많다. 그리고 '안다'에 R 레벨의 것 '이해'와 Q 레벨의 것 '납득'이 있었던 것처럼, '모른다'에도 R의 레벨의 것과 Q 레벨의 것이 있다.

모르는 상태를 알고 난 상태로 바꾸는 행동이 '안다'라고 하면, 그 관계는 다음 [그림 9]로 표현할 수 있을 것이다.

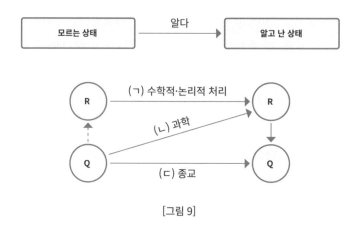

[그림 9]

(ㄱ)의 경우는 문제가 이미 확실하게 정해져 있는 것이다. 고차원적인 것으로는 수학 사상의 소위 '난문'과 같은 것이 있고, 일상적인 것

으로는 본서에서 다룬 수수께끼와 같은 것이 있다. 모두 인위적으로 만들어진 문제들이다. 이 R로부터 R로의 처리는 컴퓨터의 등장으로 수학의 질적 변화와 함께 크게 변화하고 있다. 최근 유행하는 '복잡성'은 이 부분에 관련된 것이 많다.

인위적인 문제가 등장하기 전에는 인간에게 있어서의 '모름'은 Q 레벨의 것이었다. Q 레벨의 모름에 설명을 붙여 '이해'하고, 그것을 통해 '납득'하기 위하여 사용한 것이 '과학'이다. [그림 9]의 (ㄴ) 단계다. 한편, 이치를 통하지 않고 그대로 '납득'해 버리는 것이 [그림 9]의 (ㄷ) 단계다. (ㄷ) 단계를 더듬어 가면 '종교'라는 것이 된다.

20세기는 (ㄴ) 단계의 과학의 절차가 크게 부풀었던 시대였다. 과학기술은 우리의 생활을 물질적으로 풍족하게 해주었지만, 그 한편으로는 (ㄷ)을 소홀히 한 대가가 슬슬 돌아온 것 같은 느낌이 든다. 4층 구조 모델 [그림 3]에서 Q Box로부터 R Box로의 입력을 차단하여 온 것이 20세기, 특히 그 후반의 상황이 아니었나 싶다.

원래 과학은 모르는 것을 알기 위한 수단에 지나지 않았다. 그런데도 과학적인 사고라고 불리는 것이 점점 사람들 사이에 침투하여 어느덧 과학의 힘을 갖추게 되자 과학으로 설명되지 않는 것은 있을 수 없는 것으로서 부정한다든가 또는 무시하게까지 되었다.

이것은 과학의 횡포라고 할 수밖에 없다. 문명개화 이전의 일본에는 가는 곳마다 요괴가 출몰했다. 사람들은 그것을 설명할 수 없는 기현상으로서 두려워하고 심지어 존경하는 경우도 있었다. 현대는 귀신들에게 정말 살기 어려운 세상이 되었다고 동정을 금할 수 없다. 산천초목이 분투하고 있는 것이 그나마 위안이다.

R이 Q를 누르는 비뚤어진 현상은 최근 소년들의 '비행'과도 밀접한 관계가 있다. 인간은 {Q}의 내용인 '구뉴구뉴'를 어떻게 해서든 표현하고 싶어 하는 강한 욕구를 가지고 있다. 그 중 하나가 예술이라는 것은 앞 절에서 살펴보았다. 당연히 아이들도 그것을 가지고 있다. 교육은 '가르쳐 키우는' 것이다. 그것은 아이들이 {Q}를 {R}로 하는 것을 도와주는 것이고, 4층 구조 모델로 말하면 Q에서 R로의 화살표선을 더듬어 가는 법을 가르치는 것이다.

그러나 지금의 교육은 화살표선을 찾아가는 법은커녕 오히려 그것을 차단하고 게다가 기성의 {R}이 아이들의 Q를 강제하고 억압하는 것이 일이다. 출구를 잃은 아이들의 Q는 R을 통하지 않고 직접 F로 향하려고 하게 되고, 이것은 '비행'을 저지르는 현상으로 나타난다.

인간이 사회생활을 할 수 있는 것은 말이 있기 때문이다. 말은 R의 작용이다. 아이들에게 자기의 감정을 타인에게 어떻게 전달하는지를 가르치지 않고 오직 {R}의 내용만을 강요하는 교육은 잘못된 것이다. 아이들이 '비행'을 저지르지 못하도록 흉기를 빼앗는 고식적인 수단으로는 아무 소용없다. 아이들은 또 새로운 '무기'를 생각해낼 것이다. 이것 역시 '보이는' 곳의 왼쪽을 보지 않는 과학적 사고법의 결함이다.

'보이는' 곳에 생긴 보기 흉한 종기는 우선 연고나 수술로 고칠 수 있겠지만, 하룻밤 사이에 또 다른 곳에 생긴다. 그런 체질이기 때문이다. 필요한 것은 종기가 생기지 않는 체질로 바꾸는 것이고, 그러려면 '왼쪽' 또는 '뿌리'를 찾아 거기에서 대처할 필요성이 있다. 오른쪽으로 전개하는 것만으로는 해결되지 않는다.

21세기는 과학이 초기로 돌아가서 겸허해지고 R의 세계와 Q의 세계의 공존을 생각해야만 될 시대라고 생각한다. 다음 장에서는 우리에게 문명생활의 혜택을 가져다 준 R의 대표인 '근대과학'의 성격과 그 방법을 Q와의 공존이라는 입장에서 다시 한 번 재조명해보기로 하자.

3

사물을
이해하는 법
- 근대과학: 그 성격과 수비 범위

과학이론에 대한 인상

앞 절의 [그림 9]에서 본 것처럼 과학은 인간의 {Q} 속에 있는 모르는 것을 R의 작용을 통하여 알 수 있는 것으로 바꾸려는 시도다. 그 때문에 많은 선배들이 고생하여 여러 가지 과학이론을 만들어 왔다.

과학이론이라고 하면 왠지 보통 사람이 접근하지 못하는 차가운 이미지가 붙어 다닌다. 완성된 이론은 객관적·보편적인 것이 요구되기 때문에 차갑게 느껴지는 게 분명하지만, 그 이론이 만들어지는 과정은 완성된 이론과는 전혀 다르게 인간다운 뜨겁고 격렬한 투쟁이 있고, 번뜩임이나 운 같은 인간적 요소도 크게 영향을 미치고 있다.

20세기 말에 이르러 과학·기술이 도를 넘고 있다는 논평도 나오고 있는 현재, 조상이 만들어준 과학의 재산을 살리면서 납득이 가는 사회를 만들기 위한 사고법, 그것을 필자는 '시스템사고' 또는 그것을 포함하여 '입체사고'라고 부른다.

　그것을 실천하기 위해 여기서 과학적 방법을 새삼스럽게 확인하여 두는 것은 무의미하지 않다고 생각한다. 지금의 세상에서는 과학의 어두운 면을 강조하는 사람도 많지만, 의외로 그런 사람들은 과학을 제대로 '이해'하지 못하고 있다. Q에서 과학을 싫어해버리는 것이다. 납득(Q)은 먼저 이해(R)로부터 시작된다고 앞 장에서 서술한 바 있다.

2

과학에 있어서
대상 인식의 구도 : y = f(x)

과학은 자연을 관찰하는 일로부터 시작되었다. 거기에 바라보는 쪽의 인간과 보이는 상대로서의 '자연'이 있는 것은 당연하다. 이것이 제2장 [그림 7]의 凹형 모델이다. 독자의 편의를 위해 [그림 1]로 다시 그려 두겠다.

지금까지 우리는 극히 자연스럽게 '본다'는 말을 사용해 왔는데, 이제부터는 '본다'는 것은 단지 시각만이 아니고, 청각, 미각, 후각, 촉각 등의 5감의 모두를 대표하는 것으로 한다. 이를테면 인간으로의 입력선 x를 통하여 오는 것은 모두 '본' 것으로 간주한다는 뜻이다.

여기에서 [그림 1]의 凹의 윗부분만을 꺼내놓고 보면, 바라보는 쪽의 인간과 보이는 상대와의 관계는 아래 그림과 같이 된다. [그림 2]

대상은 자연현상부터 사회, 인간 개인까지 무엇이든 좋다. 모든 것을 상정한다. 그럼 대상이 어째서 있는지, 어떤 행동을 할지 알려면 대상인 상대에게 무엇인가 간섭을 하여 반응을 볼 필요가 있다.

관찰자가 간섭하는 것을 x, 상대의 반응을 y로 나타내기로 하자. 관찰자가 아는 것은 (x, y)라는 대칭이다. 예를 들어, 처음 만난 사람에게 "처음 뵙겠습니다. 잘 부탁드립니다"라고 인사를 하고 "저야말로" 라는 대답을 들었다면, x는 "처음 뵙겠습니다. 잘 부탁드립니다"이고, y는 "저야말로"다.

사물을 이해하는 법

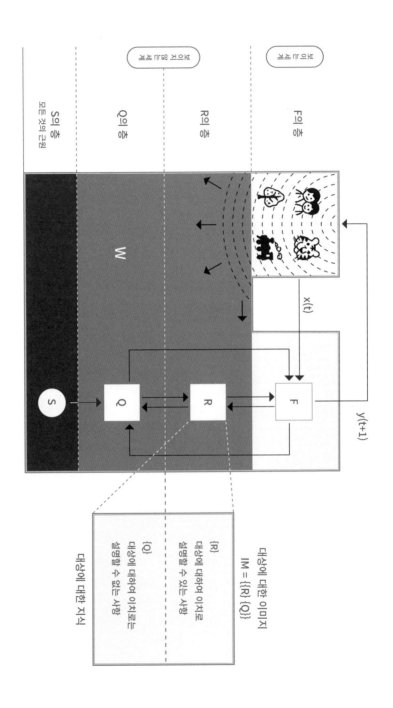

[그림 1]

보이는 것의 세계

보이지 않는 것의 세계

S의 층
모든 것의 근원

Q의 층

R의 층

F의 층

W

S

Q

R

F

x(t)

y(t+1)

대상에 대한 이미지
IM = {{R} {Q}}

{R}
대상에 대하여 이치로
설명할 수 있는 사항

{Q}
대상에 대하여 이치로는
설명할 수 없는 사항

대상에 대한 지식

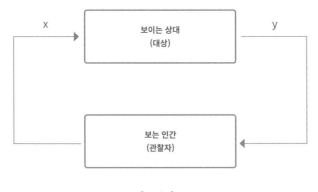

[그림 2]

관찰자는 이 사람을 '"처음 뵙겠습니다. 잘 부탁드립니다"라고 말하면 "저야말로"라고 대답하는 사람'이라고 인식한다. 기호로 쓰면 (x, y) = ("처음 뵙겠습니다. 잘 부탁드립니다", "저야말로")가 된다. 대상과 주고받는 대화에 의해 얻어진 간섭과 반응의 대칭 (간섭, 반응)이 상대에 대한 지식이 되는 것이다.

이 방법에서 알 수 있듯이 대상에 대한 지식은 관찰자가 만드는 것이다. 우리는 대개 지식은 대상이 가지고 있는 객관적인 것이라고 생각하기 쉬운데, 지식이라는 것은 보는 쪽이 만드는 것이다. 실제로 간섭하는 방식에 따라 같은 대상에 대하여 전혀 다른 지식을 갖게 되는 일이 얼마든지 있다. 그 증거로 똑같은 사람을 놓고 어떤 사람은 '좋은 사람'이라 하고, 어떤 사람은 '싫은 놈'이라고 하는 경우가 일상생활에서 얼마나 흔한가! 또한 앞에 서술한 3명의 인간 집합에 대한 지식이 '가족'이기도 하고 '기업'이기도 한 것은 보는 쪽의 견해에 따른 것이었다는 것을 기억하고 있을 것이다. 간섭과 반응의 대칭 (x, y)를 대상에서 얻어지는 '원시 데이터'라고 부르기로 하자.

사물을 이해하는 법

3

지식의 축적

관찰에 의해 얻어진 원시 데이터는 대상에 대한 지식을 구성하지만, 그것은 과거에 얻어진 것일 뿐이기 때문에 그것만으로는 대상이 앞으로 어떤 행동을 할지 예측할 수 없다. 그러나 과학은 이 원시 데이터로부터 어떤 법칙을 찾아낸 다음, 그것을 사용하여 대상의 장래 행동을 예측하려고 시도한다.

그것이 가능하려면 원시 데이터가 일정한 정도의 조건을 갖추고 있지 않으면 안 된다. 그 조건이라는 것은 입력 x와 출력 y 사이에 일정한 규칙적인 대응이 인정되는 것이다. 입력이 똑같은데 출력이 변덕쟁이처럼 계속 다르게 나와서는 무엇이 무엇인지 전혀 알 수 없기 때문이다. 정해진 입력에는 정해진 출력이 대응해 주지 않으면 곤란하다.

이렇게 정확히 정해진 입출력의 대응관계를 수학용어로 '함수'라고 한다. 보통 사람들에게 함수는 알레르기를 일으킬 정도로 평판이 나쁘다. 그러나 그런 사람들은 대개 함수라는 것을 오해하고 있다. 실험 삼아 다음의 표를 봐주었으면 한다. [표 1]

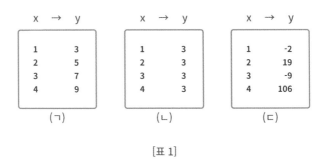

[표 1]

이 표 속에서 '입출력의 관계가 함수 관계인 것을 선택하라'고 하면, 대부분의 사람들은 (ㄱ)만 선택한다. "다른 것은 안 됩니까?"라고 물으면 (ㄴ)은 x가 변화하고 있는데 y는 변화하고 있지 않기 때문에, (ㄷ)은 x에 따라 y도 변화하고 있지만 도저히 수식으로 표현할 수 있다고는 생각할 수 없기 때문에 라는 대답이 돌아온다. 이것이 오해인 것이다. (ㄱ) (ㄴ) (ㄷ)은 모두 함수관계를 나타내고 있다는 것이 정답이다.

이야기가 조금 딱딱해지지만 여기에서 함수라는 것을 확실히 해 둘 필요가 있다. 진정한 함수의 정의는 다음과 같다.

'상반하여 변화하는 두 개의 변수 x와 y가 있고, x의 값이 정해지면 y의 값이 결정될 때, x와 y의 사이에는 함수관계가 있다고 하고, x를 독립변수, y를 종속변수 또는 함수라고 한다.'

　　　　　　　　　　　　　　　　　　　사물을 이해하는 법

대개의 사람들은 변하면 변하는 것이 함수라고 생각한다. 이것이 가장 큰 오해다. 만약 함수의 정의로서 이것을 채용하면, 2차 함수로 서 알려져 있는 $y=x^2$은 함수가 아닌 것이 되어 버린다. 왜냐하면 이 식에서는 x의 값을 1로 해도 y의 값은 1이 되고, x의 값을 -1로 바꾸 어도 y의 값은 1로 바뀌지 않는다. x의 값을 바꾸어도 y의 값이 바뀌 지 않으니 함수가 아닌 것이 되기 때문이다.

무엇보다 2차함수가 고등학교 수학교과서에서 사라지면, 평생 사 용할 일 없는 '근의 공식' 등에 반년이나 헛수고를 하는 일은 없어져 서 후련해질지도 모른다. 농담은 접어두고 이것으로 (ㄴ)이 훌륭한 함 수라는 것이 된다.

함수의 정의에는 수식으로 표현해야만 한다는 제약도 없기 때문에 (ㄷ)도 훌륭한 함수다. 식으로 써야만 한다는 오해는 어쩌다가 학교에 서 배운 함수가 1차함수라든가 2차함수, 삼각함수 등의 수식으로 표 현할 수 있는 것들뿐이기 때문이다. 이렇게 식으로 쓸 수 있는 구체적 인 함수의 연구를 인간으로 말하면, 인간 전체에 대 한 연구가 아닌 아무개라는 개인의 연구를 하고 있 는 것에 지나지 않는다. 함수는 구체적인 식으로 표 현되지 않아도 되는 것이다.

나중에 제4장에서 이 성질을 이용하여 함수 개념 을 확장하여 인과연쇄 다이어그램, 또는 인과연쇄도 라는 것을 생각한다.

x	→	y
1		3
2		5
3		7
4		9
1		2
2		4
3		6
4		8

[표 2]

만약을 위해 함수관계가 아닌 관계의 표를 아래에 부여해 둔다. 여 기에서 x와 y의 대응 속에 x의 값이 똑같은데 y의 값이 달라져있는 것이 존재하고 있는 것을 봐둘 필요가 있다.

그럼 x와 y가 함수관계에 있고, y가 x의 함수인 것을 기호로 나타내면

$$y = f \ (x) \qquad\qquad (1)$$

이다. x는 관찰자가 자유롭게 선택하는 간섭을 나타내고, 그런 의미로 x를 독립변수라고 한다. 자유롭게 선택하는 독립변수가 하나가 아니고 여러 개인 경우에는 그것들을 $x1, x2, \cdots\cdots, xn$로 써서 함수관계는

$$y = f \ (x1, x2, \cdots\cdots, xn) \quad (2)$$

로 표현한다. (1) (2)의 경우의 구조는 다음 그림과 같다. [그림 3]

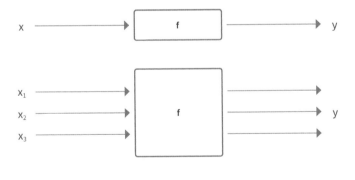

[그림 3]

지식의 활용

대상을 관찰해서 얻은 원시 데이터는 그것만으로도 대상에 대한 지식이 되기는 한다. 상대가 어떨 때 어떻게 반응할까에 대해서는 x와 y의 대칭인 일람표를 보면 알 수 있기 때문이다. 그런데 '이럴 때 이렇게 반응한다'는 것을 나타내는 일람표는 거꾸로 '이러한 반응이었으면 좋겠다. 그러려면 어떤 간섭을 하면 좋을지'를 알기 위해 사용할 수 있다. 앞에 제시한 함수관계 (ㄱ)을 사용하여 생각해 보자.

출력 3, 5, 7, 9를 소망할 경우에는 입력으로 1, 2, 3, 4를 주면 된다는 것을 표를 보고 바로 알 수 있다. 그런데 인간은 욕심이 많다. 이 표에 없는 출력, 예를 들어 4나 11을 바랄 경우에는 무엇을 입력하면 좋을지 묻고 싶어지는 것이 사람 마음이다. 일반적으로는 다음과 같은 방법을 사용한다.

수학에 조금 조예가 있는 사람이라면 (ㄱ)의 표를 보고 x와 y의 관계를 y = 2x + 1 이라는 식으로 표현할 것이다. 이럴 때에는 이렇게 된다고 하는 것은 함수에서는 x에 어느 값을 주어서 y의 값을 보는 것이고, 이러한 결과를 얻기 위해서는 이렇게 하면 된다고 하는 것은 y의 값을 지정하여 거기에 대응하는 x의 값을 구하는 것이다. 이것을 식으로 표현하면 y = 2x + 1을 x에 대하여 푼

$$x = \frac{1}{2} y - \frac{1}{2}$$

이라는 식을 사용하여 생각하는 것이다.

출력 4를 바란다면 y에 4를 대입하여 x = 1.5가 얻어지고, 출력 11을 원한다면 y에 11을 대입하여 x = 5가 얻어진다.

이처럼 같은 데이터를 관점만 바꿔 거꾸로 보는 시각은 새로운 발상을 낳는 유효한 방법이다. 지식을 이런 방법으로 사용함으로써 인간은 대상의 성질을 알아내는 단순한 지적 호기심 충족에 그치지 않고, 대상을 이용하여 인간의 욕망에 답하는 기술을 획득하여 왔다. 그리고 이것이 현대의 과학·기술의 원천이 되고 있다.

올바른 지식이란?

앞 절에서는 이야기의 형편상 (ㄱ)의 표를 보고 y = 2x + 1 이라는
식을 상정했는데, 실은 (ㄱ)의 관계를 만족시키는 식은 그것 말고도
많이 있다. 예를 들면,

$$y = 21 - \frac{70}{x} + \frac{100}{x^2} - \frac{48}{x^3} \qquad (3)$$

도 (ㄱ)의 관계를 만족시킨다는 것은 조금만 계산해보면 확인할 수 있
을 것이다. (ㄱ)의 관계를 만족시키는 식을 만들려고 작정하면 얼마
든지 가능하다. (ㄱ)의 관계를 만족시키는 식은 무수하게 많다. 그렇
다면 당연히 '대체 어느 것이 정말로 올바른 것인가'라는 의문이 생
긴다.

제대로 세상을 보는 비결

그런데 이 '옳다'라는 놈이 보통내기가 아니다.

우리는 매일의 생활 속에서 '옳다'든가 '좋다'라는 말을 가볍게 사용하고 있지만 이러한 가치 판단이 얽힌 말은 어지간히 주의하지 않으면 위험하다. 어느 시대, 어느 지역, 어느 상황에서는 옳고 좋은 것이라 해도 상황에 따라 달라지는 경우가 많기 때문이다. 앞에서도 말했지만, 맑은 날씨가 계속될 때 "좋은 날씨가 계속되니 참 좋군요"라고 하는 것은 상식적인 인사일 것이다. 그러나 상대가 우산 장수나 비옷 장수 같은 비에 관한 상품을 파는 사람이라면 큰일이다. "이 자식" 하면서 얻어맞을지도 모른다.

'옳다'든가 '좋다'는 것에는 '어떤 입장에서 보느냐'는 제한이 붙는다. 모든 입장에 통용하는 '절대'라는 것은 있을 수 없다.

그래서 아까 2개의 식의 경우, 과학에서는 '어느 쪽이 사실을 더 잘 설명하는지'가 '옳다'든가 '좋다'의 기준이 된다. 이 경우라면, 어느 쪽의 식이 원시 데이터에 더 잘 합치되느냐는 것이 되는데, 원시 데이터 (ㄱ)에 관한 한 지금으로서는 양자에 갑을이 없다.

어느 쪽이나 (ㄱ)에 적합하도록 만든 것이기 때문에. 그렇게 되면 아직 경험하지 않은 입력, 예를 들면 x = 5일 때를 상정하고, 그때의 출력을 각각의 식을 사용하여 예측하고, 그것이 실제의 실험 또는 관찰의 결과와 일치하는지 어떤지를 보면 된다.

실제로 계산을 하면 y = 2x + 1의 쪽에서는 y = 11이, 분수식 쪽에서는 y = 10.616…을 얻을 수 있다.

그리고 실제로 실험 또는 관찰한 결과 y의 값으로서 11이 얻어지면, 그것을 낳은 y = 2x + 1이 살아남고 분수식은 버려진다. 반대로 y

의 값으로 10.616...이 얻어지면 1차식 쪽이 버려지고 분수식이 살아
남는다.

만약 실험이나 관찰의 결과 y의 값이 11도 10.616...도 아니었을 경
우에는 앞의 2개의 식은 양쪽 모두 부적합한 것으로서 버려진다. 이
때는 다른 새로운 식을 만들려는 노력을 하지 않으면 안 된다. 이 흐
름을 그림으로 나타내면 다음과 같다. [그림 4]

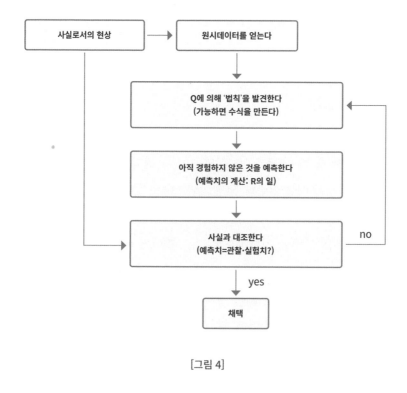

[그림 4]

그런데 이 [그림 4]에서도 알 수 있듯이 완성된 식의 '올바름'을 체
크하는 것은 '조합'이라는 R의 조작인데, 기본이 되는 식을 발상하는

것은 인간의 Q의 작용이다. 그것은 이론이 아니다. 잠시 다음에 나열된 숫자의 마지막 □ 속에 어떤 수를 넣으면 좋을지 생각해 보자.

1 3 4 6 8 10 □

해답은 12다. 하지만 이것은 동경 지방의 TV 채널의 번호를 나열한 것이기 때문에 동경 지방의 TV 채널 번호에 대한 지식이 없는 사람에게는 무리한 문제다. 이와 같이 나열된 숫자를 보고 다음의 수를 예측하는 것은 논리가 아니고 일종의 직관이다. 직관이라는 작용은 Q의 것이고, 그것은 과거의 경험이나 그때까지 축적되어 온 지식, 이를테면 {R}이 전제는 되지만 결코 그것만이 아니다. 신기한 작용이다.

우리는 과학이론이라는 것이 아무도 의심할 수 없는 확고한 기초 위에 설립되어 있다고 믿고 있다. 그러나 여기서 본 것처럼, 채택되기 전의 식을 발상하는 것은 전혀 이론적인 근거가 없는 천재의 번득임이나 Q의 작용이다. 과학이론은 이러한 불확정한 것 위에 구축되어 있다. 하지만 어떻든 채택된 식은 사실과의 대조 확인이라는 엄정한 심판을 거쳐 나온 것이고, 그것이 '아직 경험하지 않은 상황에 대한 예측' 항을 만들어내고 있는 것은 사실이다.

따라서 예측에 위반된 사실이 출연하면 그때까지의 이론을 수정하지 않으면 안 된다. 과학이론은 근본적으로 '우선적 또는 임시적' 이론이다. 그것을 '절대'적인 것으로 착각하여 이론을 강요하는 경향이 있는 것은 위험한 풍조다.

많은 식을 상정하여 그 속에서 '올바른' 식을 선택한다는 [그림 4]

의 구도는 앞 장 4절에서 서술한 새로운 회화예술에 있어서의 선택과 똑같다. 단지 눈에 보이는 실험이라는 장치 R에서 선택할까, 예술가인 Q에서 선택할까 하는 점이 다를 뿐이다.

6

과학의 뿌리

지금까지도 사회과학, 인간과학 등처럼 대개의 학문 뒤에는 '과학'이라는 글자가 붙어 있다. 이것은 17세기의 르네상스 이래, 근대과학이 대인기를 누렸던 시대의 유산이자, 과학이 우리의 세상을 '밝게' 해준다는 희망을 가지고 있었던 시절의 명명일 것이다.

확실히 기술과 함께 한 과학은 세상을 밝게 했다. 오히려 최근에는 지나치게 밝게 하는 경향이 있다. 어둠이 없어지고 요괴나 귀신은 추방되어 버렸다. 원래의 과학의 뿌리는 자연을 대상으로 하여 발생한 그리스의 자연철학이다. 많은 철학자들이 나타나 세상, 우주에 대한 이야기를 수없이 풀어냈다.

'만물은 물이다'라고 말한 탈레스로부터 시작해서 '일체의 물질은 불이 변화한 것'이고 '만물은 유전한다'(헤라클레이토스), '만물의 근원은 숫자다'(피타고라스), '만물은 원자로부터 생겨났다'(데모크리토스), 색다른 것으로는 '우주의 근본 원리는 무한정자다'(아나크시만도로스) 등이 있다.

이들을 보면 정말 신기한 느낌이 엄습한다. 데모크리토스의 원자론은 현재의 양자물리학과 연결되고, 피타고라스의 눈에 보이지 않는 것에 대한 동경은 현대의 오컬트(신비학)에 통하는 것이 있다. 현재와 같은 실험설비도 없는 시대에 사색만으로 어떻게 그런 이론을 만들었을까 하는 놀라움이다.

어쨌든 '만물의 근원은 ○○이다'라는 말투는 1장에서 서술했던 것처럼 보이는 것의 왼쪽에 있는 것을 찾으려고 하는 일이라는 것을 알 수 있을 것이다. 각자의 철학자가 자기의 견해로써 보이는 것의 왼쪽에 있는 것을 상정하고 있는 것이다.

그런 가운데 인간의 사고법 그 자체를 생각하는 철학자가 나타났다. 소크라테스다. 소크라테스는 문답을 통하여 개인의 제멋대로인 믿음이 아닌 객관적인 '합의 형성'에 도달하는 길을 열었는데, 그 뒤를 이어 현재에 이르기까지 커다란 영향력을 가지고 있는 철학자가 있다. 플라톤과 아리스토텔레스다.

플라톤은 플라토닉 러브의 원조인데 '보이는 것'의 왼쪽에 '이데아'라는 '완전한 것'을 놓았다. 반대로 아리스토텔레스는 실용적인 철학자로 '보이는 것'으로부터 오른쪽 방향으로 전개하는 일에 힘을 쏟았다. 플라톤의 왼쪽으로의 동경, 아리스토텔레스의 실용적인 오른쪽으로의 전개는 시대에 따라 번갈아 나타나면서 현재에 이르고 있다.

유럽 중세의 종교 시대에는 아리스토텔레스의 철학이 그 기반이 되어 있었지만, 12~13세기 무렵 플라톤의 흐름을 따르는 철학이 아라비아에서 연금술과 같은 기술을 동반하여 유럽으로 돌아왔다. 옛날의 사변적인 철학으로부터 관찰·실험을 중시하는 근대과학적 방법은 이 무렵부터 생성되기 시작한 것 같다.

16세기 후반 튀코 브라헤라는 천문학자는 불규칙운동을 하는 별들 중 하나인 화성을 주요 대상으로 하여 여러 혹성의 극명한 운행 기록을 남겼다. 브라헤의 유언에 따라 그 원시 데이터를 정리한 것이 케플러다. 거기서 케플러는 오늘날 케플러의 3법칙이라 불리는 유명한 법칙을 발견해냈다. 기록된 개개의 것에서 법칙을 발견해내는 것은 과학자의 Q의 작용이다. '법칙을 발견하는 법칙'이란 것은 없다.

한편 케플러의 조금 뒤에, 현재 우리의 사고법의 근저를 만든 뉴턴이 나타났다. 사과가 나무에서 떨어지는 것을 보고 '만유인력'의 법칙을 발견했다고 일컬어지는 사람이다. 여기서 잠시 생각해보자.

만유인력의 '발견'이란 어떤 것일까? 콜럼버스가 아메리카 대륙을 발견했다는 이야기는 누구라도 분명히 알 수 있다. 실제로 존재하는 대륙을 발견한 것이기 때문이다. 하지만 '만유인력'이란 것을 본 사람이 있을까? "그것은 빨간 실입니다" 하는 식의 농담조차도 가당치 않은 상황이다.

'만유인력'은 눈에 보이지 않는 것이다. 그럼 왜 이것이 그렇게 중요한 것일까? 여기에도 '보이는 것'의 왼쪽이라는 구조가 있다. 세상에는 여러 가지 것이 있고, 저마다 다양한 움직임을 한다. 그 움직임을 설명하는데 '이것은 이것, 저것은 저것'이라는 식의 따로따로가 아니고, 그들을 통틀어 설명할 수 있는 원초적 법칙을 찾은 결과 뉴턴의

사물을 이해하는 법

머릿속에 번득인 것이 바로 '만유인력'이다.

1장에서 서술한 가위바위보나 토하치켕으로부터 '3스쿠미'라는 관계를 통찰한 것과 똑같은 유형이다. 그 후 많은 학자들이 이 '만유인력'을 뿌리로 하여 거기서부터 오른쪽으로 향하여 논리전개를 시도한 결과, 모든 것의 움직임이 종합적으로 설명 가능하다는 것을 알았다. 이것은 앞 절에서 설명한 $y = 2x + 1$이나 분수식이 겪은 것과 똑같은 시련을 거쳐 온 것을 의미한다.

이와 같이 현재의 과학의 뿌리는 그리스의 자연철학으로부터 시작되었는데, 자연이란 '무엇인가'라는 WHAT의 탐구로부터, 뉴턴 이래 자연이 어떠한 법칙에 따라서 '어떻게' 움직이는가 하는 HOW의 연구로 그 시점이 옮겨지고 있다. 움직이는 자연으로서의 대상은 천체이고, 그 설명에 뉴턴의 역학이 크게 공헌했다.

7

과학적 방법: 모델 구축

▉ 모델의 종류

과학적 방법은 [그림 4]에 나타난 것과 같은 구조로 실행되지만, 개개의 대상에 대한 지식은 '모델을 만들어 생각하는' 것으로 획득된다. 원시 데이터로부터 만들어진 수식도 넓은 의미에서 모델의 일종이다.

여기서 '모델'이라는 말은 꽤 성가신 물의를 빚어낸다. '모델'이라는 말에서 가장 일반적으로 떠오르는 것은 아마도 '화가와 모델'의 모델일 것이다. 여기서의 모델은 실체 그 자체이므로 누구라도 알 수 있다. 다음으로 흔히 사용되는 것이 '교통 모델 지구'와 같은 것으로, 이 경우의 모델은 '규범'을 의미한다. 또 하나 '프라모델' 경우의 모델은 '모형'이란 감각으로 쓰인다. 과학에서 사용되는 '모델'은 이 3번째 '모델'에 해당한다.

예를 들면 자동차가 고속으로 주행했을 때의 공기저항을 조사하기 위하여 여러 가지 형태의 '모델'을 준비하고 통풍실험을 한다.

형태를 생각해내는 것은 설계자의 Q이고, 그것을 평가하는 것은 과학의 경우 R이다. 상태가 나쁜 '모델'은 버려지기도 하고 수정되는 것이 전제 되어 있고, 소위 이공계 사람들에게는 이런 생각에 대한 저항이 전혀 없다.

하지만 인문계의 사람이 섞이면 이야기는 까다로워진다. 연구의 대상이 인간을 포함하지 않는 자연현상으로부터 사회현상으로 넓어짐에 따라 이공계-인문계의 울타리를 넘은 연계 작업이 필요해지고, 세상에서는 학문 간의 경계를 아울러야 한다는 말이 오랫동안 외쳐지고 있지만 효과는 아직 그다지 없는 이유 중 하나가 여기에 있다.

인간을 포함한 현상을 다루는 사회학이나 심리학을 하고 있는 사람들은 대개 '모델'을 규범으로 생각한다. 따라서 이공계 사람들이 "먼저 모델을 만들어 놓고 생각하자"고 하면 "무슨 엉뚱한 소리야. 모델은 그렇게 간단하게 만들 수 있는 것이 아니야"라는 반론을 듣게 된다. "모델을 만들어 상태가 나쁘면 수정하자"고 했다간 그야말로 큰일이다. "그런 무책임한 행동으로 사물을 다룰 수 있는가! 모델을 수정한다는 건 얼토당토않은 말이다"라는 꾸짖음을 받는다.

모델을 규범이라고 받아들이고 있는 한 말한 그대로다. 같은 것을 보아도 입장에 따라 달라 보이는 것처럼 같은 말을 쓰고 있어도 그 의미는 입장에 따라 다르다. 1장의 '산' 이야기를 기억해 주기 바란다.

이하 본서에서는 '모델'을 세 번째의 '모형'이라는 의미로 쓰겠다. 하지만 모형이라 해도 프라모델과 같은 실물의 모형이 아니라, 사물간의 관계를 기호로 기술하는 '논리모델'이다.

원시 데이터의 [표 1]로부터 만들어진 y = 2x + 1은 입력과 출력 사이의 관계를 표현하고 있다는 의미에서 하나의 논리모델이다.

② 모델 만드는 법

실제로 모델을 만들 때, 대상에 대해 무엇을 어디까지 알고 싶은지에 따라 달라지고, 게다가 모델을 만들기 위해 사용하는 도구로서의 말에도 제약이 따른다. 다음 상황을 상정하여 설명하겠다.

어느 가게에 1개당 35원짜리 물건이 있다. 그 물건을 갖고 싶은데 호주머니에 1,000원이 있다. 몇 개 살 수 있을까?

이 문제를 모델로 만들어 보자.

'그런 거야 간단하지. 사는 개수를 x라고 하고 그때의 가격을 y라고 하면 y = 35x니까 이것을 풀어 x = 1/35 y. y에 1000을 대입하면 x = 28.57...가 되니까 28개를 살 수 있다'라고 하는 것은 학교 교실에서 배우는 방법이다.

실제로 이 문제에는 커다란 함정이 있다. 조금 길어지지만 중요한 것이기 때문에 자세히 설명해 두겠다.

사는 개수를 x라고 하고 그때의 가격을 y라고 하는 점까지는 논리모델, 여기에서는 수식을 만들기 위한 수단으로서 당연하지만 그 다음이 문제다.

y = 35x라는 식을 쓸 수 있기 위해서는 대단한 가정이 필요하다. 이

가게주인은 절대로 깎아주지 않는다는 가정이다. 사실 현실세계에서는 물건을 많이 사면 할인해주는 것이 상식이다. 그렇기 때문에 규모의 이익이란 것을 생각할 수 있는 것이다.

이 물건을 30개 샀을 때의 경우를 생각해보자. 할인이나 덤이 없으면 1,050원이다. 하지만 30개나 사는데 정말로 1,050원을 꼭 받는 가게라면 망해도 벌써 망했다고 하는 것이 세상사일 것이다. 이런 경우에 보통 50원 정도는 깎아주는 것이 상식이다.

그러면 어떻게 하면 좋을까? 이치로 말하자면 가게주인이 깎아주는 방식을 연구하여 그것에 맞는 식을 만들면 된다. 하지만 그것은 말처럼 간단하게 할 수 있는 것이 아니고 실제로는 거의 불가능하다. 혹시 식을 만든다 해도 매우 복잡한 식이 될 것이고 수학적으로 거의 풀 수 없는 식이 될 것이다. 말하자면 $y = 35x$를 $x = 1/35y$로 바꾸는 것처럼 변환하는 것이 불가능한 식이 되는 것이다.

세상에는 수학을 만능처럼 생각하는 사람이 많은데, 정작 수학에서 방정식의 풀이가 수학적으로 구해지는 것은 거의 1차식에 한정되어 있다는 것은 의외로 알려져 있지 않다. 이 사정은 다음 [그림 5]와 같이 나타낼 수 있다.

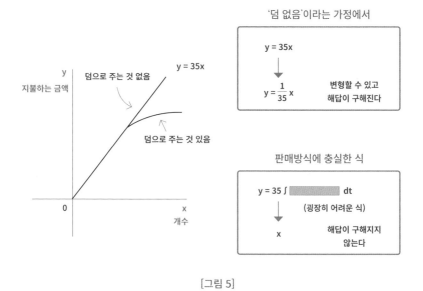

[그림 5]

    이렇게 되면 이야기는 선택의 문제가 된다. 주인이 깎아주지 않는다는 조건을 붙여 1차식을 만들든가, 주인의 물건 파는 방식을 충실히 기술하는 모델을 만들든가 둘 중 하나다. 여기에서도 무엇을 하고 싶은지, 무엇을 알고 싶은지 확실한 목적의식이 있어야만 선택할 수 있다.

    지금은 1,000원으로 몇 개를 살 수 있는지 묻는 문제다. 따라서 풀 수 없는 식으로는 의미가 없기 때문에 깎아주지 않는다는 것을 전제로 한 y = 35x를 채용하게 된다. 그리고 해답을 구하여 그 답을 현장에 적용할 때에 전제를 감안한다. '서비스 없이 28개를 살 수 있으니까 아마도 30개는 어떻게 될 것'이라고 판단하게 되는 것이다.

    만드는 목적에 따라 만들어지는 모델이 달라지는 것은 당연하다.

　　　　　　　　　　　　　　　　　　　　　　　사물을 이해하는 법

여기에 또 다른 가게가 있고, 주인의 성격이 다르고, 따라서 그 판매하는 방식(깎아주는 방법)도 다르다고 한다. 이때 수학에서는 1차식밖에 풀 수 없다고 하여 양쪽 모두 y = 35x로 해버리면 차이는 나오지 않는다. 이 경우에는 식을 푸는 것이 아니고 양쪽 가게 주인의 판매방식의 차이가 나타나는 식을 만들어야만 한다.

무엇 때문에 무슨 목적으로 만드는 것인지 목적이 명확하지 않으면 모델은 만들 수 없다. 수학 모델을 만들 때에는 이것 말고도 여러 가지 주의해야 할 것이 있지만 모델론을 전개하는 것은 본서의 목적이 아니므로 다른 기회로 미루기로 하자. 여기서 '모델을 만들어서 생각한다'는 것이 사실은 제1장에서 서술한 '논리전개형 설득법'이다.

8

과학적 방법의 위력

　과학적 방법은 [그림 4]에 나타낸 구조로 실천되고, 그 개개의 장면에서의 실천은 앞 절에서 서술한 것처럼 '모델을 만들어서 생각한다'는 것이 과학적 방법의 전체 모습이다. 여기에 과학이 갖는 아직 경험하지 않은 장래의 사항을 예지하는 힘의 원천이 있다.

　추상적인 이야기는 그만 두고 실제의 역사 속에서 전형적인 장면을 끄집어내 보자.

　19세기 중반, 천왕성이 발견되어 기존의 혹성들과 합하여 7개의 혹성의 존재가 알려져 있던 때의 일이다.

　어느 연구자가 천왕성과 토성 사이의 인력 관계를 뉴턴 역학에 따라서 계산했는데, 계산에 의해 얻어진 결과와 관측의 결과인 궤도가 일치하지 않았다. 보통 이럴 때는 관측 결과가 틀렸거나, 뉴턴 역학을 천체에 적용하려고 한 것이 잘못이었거나 어느 쪽이 잘못된 것이라고 치부해버리기 쉽지만, 그래서는 아무런 진전도 기대할 수 없다. 그래서 여기서는 양쪽 모두 '옳다'고 생각해 보겠다. 그렇다면 다음과 같은 이치가 전개된다.

'계산에 의한 궤도와 실제의 궤도가 서로 다르다. 계산된 궤도는 뉴턴 역학에 따라서 돌출된 것이다. 뉴턴 역학은 만유인력의 법칙 위에 잘 정리된 체계를 따르고 있다. 계산된 궤도를 실제의 궤도와 일치시키기 위해서는 계산 결과에 영향을 미치는 물체(별)가 있다고 생각하지 않으면 안 된다.'

실제로 계산을 하여 이런 장소에 이런 크기의 별이 있다고 한 것이 파리의 르베리에이고, 그 결과에 기인하여 실제로 관측을 행한 것이 베를린 천문대의 가레이다.

이것은 1846년 9월 23일, 계산한 대로 새 별이 발견되어 해왕성이라고 이름 붙여졌다는 새 별 발견의 이야기이다.

과학적 방법은 이와 같이 아직 경험하지 않은 것을 논리에 의해 예지·예측하는 힘이 있는데, 이 힘의 원천은 어느 천재, 이 경우에는 케플러와 뉴턴의 Q의 작용이고, 그것은 그들의 주관으로부터 생겨난 것이다.

주관은 그 사람 특유의 것으로, 당연히 그 사람이 살았던 시대를 반영한다. '만유인력'을 근거로 하는 뉴턴 역학은 18세기부터 20세기 초두에 걸쳐 세상을 석권했지만 금세기의 초기에는 아인슈타인의 주관에 의해 만들어진 '상대성이론'이 출현했다.

완성된 과학이론은 논리적인 모순이 없도록 R의 작용에 의해 굳혀

져 있기 때문에 차갑게 느껴지지만 과학이론을 낳는 배경에는 인간의 뜨거운 Q가 있다는 것을 기억해주기 바란다. 교육도 완성된 이론을 강제로 주입하는 것에서 벗어나 새로운 이론을 만들어낼 수 있는 창의적인 인간을 만들기 위한 것이어야 한다고 생각한다.

9

y = f(x)로는 파악할 수 없는
대상의 행동

 과학적 방법으로 사물을 생각할 때 가장 먼저 하는 것이 원시 데이터로부터 입출력 사이의 함수관계 y = f(x)를 통찰하는 것이다. 자연현상을 상대로 할 때에는 이런 함수관계를 발견하는 것이 어떻게든 가능하지만, 상대가 인간과 같은 살아 있는 생물체라면 일은 그렇게 간단하지 않다.

 함수관계는 같은 입력에는 언제나 똑같은 반응을 하는 것이기 때문에 도저히 인간에게는 통용되지 않는다. 똑같은 질문을 받은 사람이 언제나 똑같은 대답을 한다면 아마도 "저놈, 이상하지 않아?"라고 의심을 받게 될 것이다. 대개는 똑같은 대답을 하지 않으니까.

 옛날에는 똑같은 입력에 대하여 똑같은 출력을 하는 상황을 기계적이라는 말로 비유했다. 그러나 지금은 같은 입력에 대하여 다른 출력을 하는 기계가 나오고 있다. 거리에서 자주 보는 '자동판매기'가 그 것이다. 예를 들면 100원짜리 3개를 넣어야 물건이 나오는 기계에서는 처음에 100원짜리를 넣었을 때는 물건이 나오지 않는다. 2개째에서도 나오지 않지만 3개째를 넣으면 물건이 나온다. 이를테면 같은 '100원짜리를 넣는다'는 입력에 대하여 물건이 나오기도 하고 안 나오기도 하는 것으로 출력이 똑같지 않은 것이다. 이것은 이미 앞에서 서술한 함수

물건이 나오는 형태 = f(100원짜리 넣는 법)

로서는 다룰 수 없다.

그러면 이런 상대에 대해서는 장래 행동을 전혀 예측할 수 없는 것일까? 만약 가능하다면 어떻게 하면 될 것인지 생각해 보기로 하자.

이야기의 예측을 간단하게 하기 위하여 100원짜리를 이렇게 한다든가, 물건이 나온다든가 하는 말 대신 기호를 사용하기로 한다. 입력 쪽은 '100원짜리를 넣는다'를 1, '넣지 않는다'를 0으로, 출력 쪽은 '물건이 나온다'를 1, '안 나온다'를 0으로 한다. 그렇게 하면 100원짜리를 계속 넣었을 때의 입력과 출력의 상황은 다음과 같이 기록된다.

시각	t	1	2	3	4	5	6	7	......
입력	x	1	1	1	1	1	1	1	......
출력	y	0	0	1	0	0	1	0	......

[표 3]

사물을 이해하는 법

이것이 바로 원시 데이터라는 것인데 여기서 잠깐! '100원짜리를 계속 넣는다'는 말에 대해 생각해보자. 액체의 경우에는 줄줄 흘려 넣을 수 있으니까 '계속 넣는다'는 표현이 문제될 게 없지만, 100원짜리와 같은 고체의 경우에는 엄밀한 의미로는 계속이 아니다. 그래서 여기에서 '계속 넣는다'는 것은 다음과 같이 해석한다.

기계 쪽에서 볼 때, 기계가 입력을 받아들일 수 있는 것은 띄엄띄엄 간격을 둔 일정한 시각에 한하고, 그 중간에는 입력을 받아들일 수 없다. 실제로 너무 바빠서 자동판매기에 잇달아 동전을 넣으면 튕겨 나오는 일이 있는데 바로 그런 경우다. 그림으로 나타내면 다음과 같이 된다. 입력을 받아들일 수 없는 시간대를 불응기라고 한다. [그림 6]

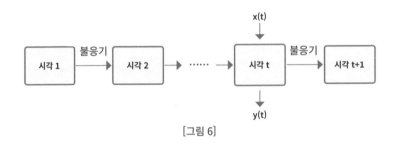

[그림 6]

기계가 입력을 받아들일 수 있는 상태가 되어 있을 때에 입력이 오면 그것을 받지만, 입력이 오지 않을 경우에는 '오지 않는다'라는 것도 하나의 정보로서 취급된다. 따라서 지금 생각하고 있는 기계에 대한 원시 데이터에는 다음과 같은 것이 있을 수 있게 된다.

시각	t	1	2	3	4	5	6	7	……
입력	x	1	1	0	1	0	1	1	……
출력	y	0	0	0	1	0	0	0	……

이상의 약속 하에 이 자동판매기의 행동을 기술하는 모델을 만들어 보자.

[표 3]의 원시 데이터를 보면 알 수 있듯이 x와 y의 대응 관계는 소박한 의미에서의 함수관계가 되어 있지 않은 것을 곧 알 수 있다. 입력이 1일 때 출력은 0일 경우도 있고, 1일 경우도 있기 때문이다.

같은 입력을 받아 다른 출력을 나타낸다는 사실을 어떻게 생각하면 좋을까? 여기에서 사람의 경우를 떠올려보자. 같은 입력에 대하여 다른 반응을 나타내는 것은 그때그때의 기분이 다르기 때문이라고 생각하는 것은 별로 무리하지 않은 일일 것이다. '기분'은 다른 사람의 눈에 보이는 것은 아니지만, 입력과 출력 사이에 '기분'이란 것을 개재시키면, 같은 입력에 대해서도 다른 출력이 있는 것을 설명할 수 있다.

기계의 경우에는 '기분'이라는 표현이 그다지 적당하지 않기 때문에 '내부 상태'라는 말을 사용하기로 하자. 이 내부 상태는 밖에서는 보이지 않지만 입력을 준다는 행동에 따라 변화한다. 여기서 제2장에서 다룬 '강 건너기' 때의 그림을 떠올려주었으면 한다. 상태와 행동과는 '대칭'이 되어 있다는 것이 그때의 사고법이고, 그것을

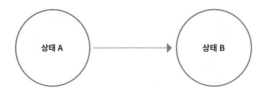

와 같이 표현했다. 여기에서도 그 사고법을 원용한다.

기계의 최초의 '내부 상태'를 아직 100원짜리가 1개도 들어 있지 않은 상태라고 생각하는 것은 자연스러울 것이다. 그것을 r_0로 나타내기로 하고 ○를 그려 그 안에 r_0라고 표기하여 둔다.

이때 기계가 받는 입력에는 2종류가 있다. 100원짜리를 받거나(약속에 의해 입력=1) 받지 않거나(입력=0).

입력 0의 경우에는 상태가 바뀌는 일이 없기 때문에 자기 자신으로 되돌아오는 화살표선을 그리고 거기에 0/0으로 표기한다. 이것은 입력/출력을 나타낸다.

입력 1의 경우는 100원짜리를 1개 받은 상태가 되기 때문에 이것을 r_1으로 하여 새로운 상태를 나타내는 ○를 그리고, 거기로 가는 화살표선에 1/0으로 표기한다.

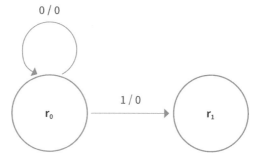

이 새로운 상태 r_1에 대하여 같은 방식의 작업을 하여 다음 그림을 얻을 수 있다.

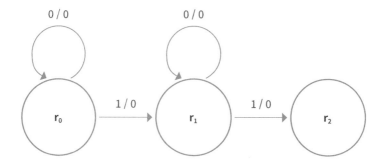

다음으로 상태 r_2로부터의 변화인데, r_2가 100원짜리가 2개 들어 있는 상태기 때문에 다음에 100원짜리가 들어오면 물건을 내보내고 백지화된다고 생각하여 다음과 같은 그림을 얻을 수 있다.

사물을 이해하는 법

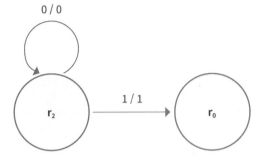

이것으로 상태가 처음으로 돌아왔으므로 작업은 끝이다. 전부를 연결하여 완성시킨 것이 아래의 [그림 7]이다.

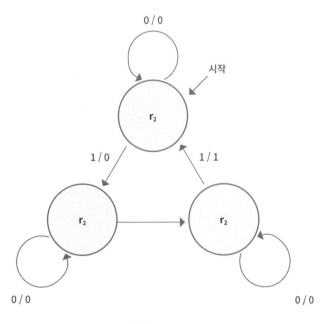

[그림 7]

이것이 100원짜리 3개로 물건이 나오는 자동판매기의 행동을 설명하는 '모델'이다.

일상생활에서 이런 모델을 의식적으로 생각할 일은 아마 없겠지만, 무의식 속에서는 이런 모델이 작용되고 있다고 생각한다.

300원짜리 물건을 살 때 200원 넣었는데 물건이 나왔던 경험이 대부분 한두 번은 있을 것이다. 이때 "이익 봤다!"고 생각하든 "미안한데, 어떡하지?"라고 생각하든 사람에 따라 다르겠지만 "누군가 앞에서 100원 넣은 사람이 있구나"라고 생각하는 것은 모두 공통일 것이다. 이것은 자동판매기의 내부 상태가 r_1의 상태가 되어 있었다는 것을 알고 있다는 뜻이다.

이 모델에서 중요한 것은 내부 상태는 밖에서 보이지 않는다는 것이다. 우리가 자동판매기에서 물건을 살 경우, 100원짜리가 몇 개 쌓여있는지 볼 수는 없다. 또 기계 안의 전기배선이 어떻게 되어 있는지도 보이지 않고 사실 관심도 없다. 관심은 어떤 입력을 주면 어떤 출력이 나오는지 뿐이다. 내용의 실체를 보지 않고 그 바깥쪽의 작용만을 보는 방법을 '대상을 블랙박스로서 본다'고 말한다.

[그림 7]의 모델은 다음과 같은 [표 4]로서도 표현할 수 있다. 여러 가지 기술적 처리를 할 때에는 이쪽이 편리하다.

상태＼입력	0		1	
r_0	r_0	0	r_0	0
r_1	r_1	0	r_1	0
r_2	r_2	0	r_2	1

[표 4]

사물을 이해하는 법

그림은 '상태천이도', 표는 '상태천이표'라고 부른다.

여기까지의 이야기에서 이 기계의 내부 상태가 4층 구조 모델의 R 층에 해당한다는 것을 알 수 있을 것이다. 이 모델의 구조와 행동은 일반적으로 기호로 표현하는데 기호가 싫은 사람은 눈을 감아도 괜찮다.

이 모델에서는 출력 y를 정하는 변수가 x(t)와 r(t) 2개라 언뜻 2변수함수 같은 느낌이 들지만, 위의 그림에서도 알 수 있듯이 외부에서 조작할 수 있는 변수는 x뿐이기 때문에 본질적으로는 1변수함수이다. '기분'이나 '내부 상태'는 눈에 보이지 않는다.

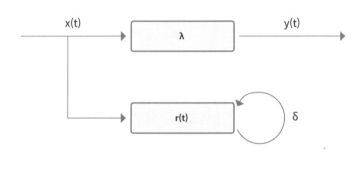

$$\begin{cases} y(t) = \lambda\,(x(t), r(t)) \\ r(t+1) = \delta\,(x(t), r(t)) \end{cases}$$

[그림 8]

더구나 그것을 직접 조작할 수는 없다. 원하는 출력을 얻기 위해서는 입력을 조작하여 상대를 그 '기분'으로 만들어야만 한다. 그 때문에 세상에는 뇌물이라는 것이 있고, 공무원을 상대로 하는 요정이 번성하는 구조가 되는 것이다.

10

함수관계로는
다 파악할 수 없는 인간의 행동

앞 절에서 y = f(x) 형으로는 다룰 수 없는 자동판매기의 움직임을 표현해 보았다. '내부 상태'는 일종의 '기억'이다. 기계가 '기억'을 갖게 된 것은 극히 최근의 일인데, 지금은 '기억'을 갖는 기계로서 자동판매기와 함께 컴퓨터가 우리 가까이에 있다. 컴퓨터는 프로그램이나 메모리가 앞 절 [그림 8]의 아래 Box에 축적되어 밖으로부터의 키보드 조작 x에 의해 원하는 출력 y를 내도록 만들어져 있다.

기계가 이처럼 기억을 갖기 전까지는 기억을 가지고 있는 것은 살아있는 생물의 특권이었다. 앞 절에서 서술한 것처럼 '기억'을 갖는 기계의 움직임을 논리적으로 기술할 수 있다면, 어쩌면 인간 행동도 논리적으로 기술할 수 있을지도 모른다는 발상이 자연스럽게 솟아난다.

필자의 스승인 고 마쓰다 쇼이치 박사는, 앞 절 [그림 8]의 2중 구조 윗부분을 표층구조, 아랫부분을 심층구조라고 명명하고 인간 행동의 해석에 이 모델을 사용하는 것을 시도했다. 이제부터 이야기가 조금 딱딱해질지도 모르지만 이해해주기 바란다. 스승에 대한 추억도 있으므로……

키타하라 테이스케와 이토 시게유키는 '일본적 시스템 사고'(중앙경제사, 1991) 173~174쪽에서 '마쓰다의 2중 구조 모델'에 대해 다음과 같이 높이 평가하고 있다.

> "그의 시스템 이론은 언뜻 기계론으로 오해 받을 수도 있지만 결코 그렇지는 않다. 그의 '인간의 표층-심층구조' 모델은 세계로 수출할만한 것이다. … (중략) … 그는 표층구조를 인간의 육체 행동에 연관 짓고, 심층구조는 두뇌 활동에 연관 짓고 있다. 인간의 육체행동의 기본은 육체에 연관되어 연장함에 따라 자연에까지 심화될 수 있다. 또 두뇌활동의 기본은 진리, 생리, 정신, 즉 심적 활동에 연관되어 인간의 인식활동 전반으로 심화될 수 있다."

그러나 마쓰다 박사 본인은 인간 행동에 관해서 대단히 겸허하게 다음과 같이 서술하고 있다.

> "상기의 행동 모델에는 넘지 못할 불가능한 한계가 있다. 그것은 인간의 창조활동이다. … (중략) … 우리가 어떠한 일을 할지 다음 행동을 예측할 수 없는 경우가 많다. 개인적으로 나는 인간의

창조활동은 모든 학문의 범위를 넘어서는 것으로서 언급해서는 안 되는 과제라고 생각한다."

이론물리학자 출신으로 2차 세계대전 후, 오퍼레이션·리서치의 연구에도 종사했던 마쓰다 선생의 뇌리에는 대상의 행동을 기술하는 모델은 대상의 행동을 예측하는 것이 가능한 것이어야 하고, 그렇지 않다면 가치가 없다는 판단이 있었던 같다. 인간의 창조활동과 같은 작용을 기계적으로 예측 가능한 것처럼 취급하는 입장을 취해서는 안 된다는 것이 마쓰다 선생의 마음이었을 것이다.

이렇게 생각하면 밖에서 관찰 가능한 인간의 행동에는 2중 구조 모델로 '기계적'으로 기술할 수 있는 부분과 이치로는 설명이 안 되는 창조활동과 같은 작용을 하는 부분이 존재한다고 생각하는 것이 자연스러울 것이다. 이것이 필자가 제2장에서 도입한 '4층 구조 모델'을 발상하게 된 동기다.

인간의 의식적·논리적·매뉴얼적인 행동을 지시하는 것이 R의 작용이라면, 인간 또는 동물에게는 이치로는 설명이 안 되는 행동을 지시하는 작용이 있다. 그것이 4층 구조 모델의 Q다.

우리의 일상적인 행동을 살펴보면 스스로 설명할 수 없는 판단으로 행동하고 있는 경우가 많다. 오히려 그러는 것이 보통이다. 길을 걸어가다가 위에서 물체가 떨어진다. 그때 그 물체의 낙하 방향이나 속도를 계산하고 피하는 일은 없다. 그냥 순간적인 판단이다.

필자의 소년 시절에는 스포츠라면 무조건 야구였다. 야구는 캐치볼이 기본이다. 그러나 캐치볼에는 상대가 있어야 한다. 상대가 없을 땐 어쩔 수 없이 벽에 볼을 던져 튕겨 나오는 공을 받는 캐치볼을 혼자서 자주 했다.

땅볼을 받으려고 생각하면 벽에 직접 볼을 던진다. 플라이를 받고 싶다고 생각하면 벽 아래에서 원 바운드를 시킨다. 누구에게 배운 것도 아니고 더구나 볼의 궤적과 방정식을 세워 그 해답에 따라 글러브를 내미는 따위의 짓은 하지 않는다. 차를 운전하는 것도 마찬가지다. 이것을 밟으면 브레이크 팬이 눌러져서…… 등을 생각하고 브레이크를 밟는다면 아마도 충돌을 피하기 어려울 것이다.

재미있는 이야기가 있다.

지네는 발이 100개라고 말할 정도로 발이 많다.

어떤 사람이 지네에게 물었다.

"너는 그렇게 많은 다리를 헷갈리지도 않고 잘도 움직이는구나. 어떻게 그럴 수 있지?"

그 다음부터 지네는 불쌍하게도 노이로제가 되어 버렸다고 한다.

이렇게 이치와 상관없는 행동의 부분을 지배하는 것이 4층 구조 모델의 Q층이고, 거기에 영혼의 근원으로서의 S를 덧붙인 것이 앞 장에서 소개한 4층 구조 모델이다.

동물들 중에서 진화가 되지 않은 것은 F밖에 갖지 않은 것처럼 보이지만, 개나 고양이 같은 우리에게 친숙한 포유동물은 Q를 가지고 있다고 생각된다. 그러나 R을 가지고 있다고는 생각하기 어렵다. 개나 고양이가 논리적인 판단으로 행동하고 있다고는 생각할 수 없기 때문이다. 그러나 우리와 그들 사이에 S의 공유는 있다고 생각된다. S의 공유 없이 그들과의 애정 교환이 가능할 리 없기 때문이다.

인간은 F, R, Q, S를 모두 가지고 있는 존재이다. 특히 R과 S는 인간끼리의 공존에 있어서 중요한 것이다. R은 문화권이 다른 인간끼리를 잇고 공통된 이해에 도달하기 위하여 필요한 역할이다. 그리고 그런 일이 가능한 것은 영혼의 원점으로서의 S를 서로 공유하고 있기 때문이다.

11

과학적 방법의 한계

과학은 지금까지 서술해 온 것과 같은 형태로 그 수비 범위를 넓혀 왔다. 앞에서도 말했지만 '과학은 만능'이라는 신화가 형성된 것은 20세기다. 지구의 온난화, 환경오염과 같은 온갖 공해가 문제 되고 있지만, 과학이 만들어낸 공해는 과학의 힘으로 극복할 수 있다는 낙관적인 신념은 우리에게 아직도 뿌리 깊게 박혀 있다. 앞으로 어떻게 될까? 특수한 초능력자라면 몰라도 그것을 과학의 힘, 이를테면 R로 찾을 수는 없다고 생각한다. 그 이유는 다음과 같다.

본서에서는 우리 인간이 '자기 자신 속에 만들어진 이미지로 세상을 보고 있다'는 견해와 함께 그 구도를 제2장 [그림 7]의 凹형 모델로 설명했다. 그 이미지 중에서 어떤 때는 논리적으로 어떤 때는 감정에 맡겨 살고 있는 것이 인간이다.

일상생활에서 사람은 언제나 의사결정을 해야만 하는 상황에 맞닥뜨린다. 의사결정은 장래에 일어날 수 있는 여러 가지 상황을 예측하고 그 중에서 가장 '좋은' 결과를 가져오는 행동을 선택하는 것이다. 이 예측은 R로 이루어진 것도 있고, Q로 이루어진 것도 있다.

인생이란 참으로 이상한 것이어서 생각하고 또 생각하여 선택한 행동이 안 좋은 결과로 이어지기도 하고, 아무 생각 없이 내키는 대로 했던 행동이 생각지도 못한 행운을 부르기도 한다.

세상에는 귀신처럼 감이 좋은 사람이 있는데, 현재의 과학적 지식으로는 아직 그 메커니즘을 해명할 수 없다. 그러므로 여기에서는 R에 의한 예측, 이를테면 과학적 행동 선택의 이야기에 한정하겠다.

다음과 같은 장면을 생각해보자.

당첨될 가능성이 1/5이고, 당첨되면 1만원을 받을 수 있는 천 원짜리 복권이 있다. 손에 마음대로 쓸 수 있는 돈이 천 원 있다면 이 복권을 사야 할까 말아야 할까?

선택법은 대개 다음 2가지다.

① 당첨될지 안 될지도 모르는 것에 돈을 쓰는 것은 어리석은 일이기 때문에 사지 않는다.
② 당첨되면 1만 원을 받을 수 있으니 천 원 정도는 써도 좋다.

①의 경우, 이것은 R의 문제가 아니고 Q의 문제다. 과학은 R레벨에

사물을 이해하는 법

서의 이야기이므로 이것은 여기에서는 생각하지 않는다.

②의 경우는 당첨됐을 때 받을 수 있는 금액과 손에 쥐고 있는 천원을 저울질해서 살지 말지 결정하는 것이다. 받을 수 있는 금액이 900원이라면 당연히 아무도 사지 않을 것이다. 금액이라고 하는 양의 비교이므로 이것은 R의 문제가 된다. 이 복권을 사야 할지 말아야 할지의 경계선을 찾는 방법으로 '기대치'라는 것을 사용하는 사고법이 있다. 계산은 간단하다. 받을 수 있는 금액과 그 가능성을 곱하여 더하면 된다.

	당첨된다	당첨되지 않는다	
받을 수 있는 금액	10,000	0	기대치 ⇩
가능성	1 / 5	4 / 5	2,000
곱셈결과	2,000	+ 0	

이 '기대치'와 손에 쥐고 있는 돈을 비교하여 갖고 있는 돈보다 많으면 사는 것이 '합리성의 기준'이라고 불리는 것이다. 따라서 이 경우에는 복권을 사게 된다.

그런데 여기서 말하고 싶은 것은 의사결정 수법의 해설이 아니라, 사람은 장래를 예측하여 가능성이 있는 몇 가지 선택지 중에서 어떤 기준을 가지고 선택한다는 것과 그것이 모델을 사용하여 행해진다는 사실이다.

가능성은 언젠가 하나의 사실로 실현된다. 그 시점에서 그 하나의 사실만 남기고 다른 모든 가능성은 소멸한다. 추첨은 당첨되든 안 되든 결정될 것이고, 복권을 산 사람은 1만원을 받든가 아니면 아무것도 받을 수 없게 된다. '기대치'의 2천원이 들어오는 것은 절대로 아니라는 이야기다.

과학은 가능성을 예측할 수는 있어도 그 가능성이 실제로 실현될지 말지에 대해서는 전혀 무력하다.

항공기가 99.9999% 안전하다는 것은 0.000x%의 확률로 추락한다는 이야기도 된다. 과학에서 말할 수 있는 것은 여기까지고, 어느 비행기가 언제 어디서 어떻게 추락할지를 맞출 수는 없다.

이것이 가능한 것은 아마 초능력자 (그런 사람이 만약 있다면 말이지만) 뿐일 것이다.

과학은 이미지 IM 속의 극히 특수한 [R]에 속하는 모델이고 현실 W와는 다르다. 그리고 이미지와 현실의 접점은 현재의 시점 '지금'밖에 없다. 시간은 움직이고 있지만 [R]은 움직이지 않는다. 과학 모델은 대상을 기호로서 포착한다. 포착된 것은 그 순간에 '정적'인 것이 되고 어떤 류의 권위를 갖는다. 거기에는 일신교의 사상을 만들어낸 서양의 '절대' 사고가 있다. 논리·기호로 쓰인 모델을 중시하는 서양과 '삼라만상'을 터득한 동양과의 차이랄까.

사물을 이해하는 법

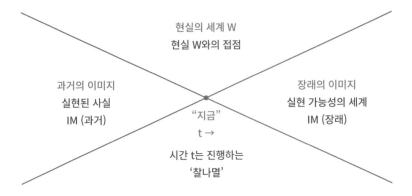

현실의 세계 W
현실 W와의 접점

과거의 이미지
실현된 사실
IM (과거)

장래의 이미지
실현 가능성의 세계
IM (장래)

"지금"
t →

시간 t는 진행하는
'찰나멸'

이 느낌을 다음과 같이 그림으로 그려보았다. 이 부분은 아직 필자로서도 확실하게 정리가 되어 있지 않아서 독자들의 가르침을 받고 싶은 바이다.

어떻든 과학은 인간의 논리적 사고 R의 산물이다. 한편 생물로서의 인간은 Q의 작용을 갖는다. R에만 치우쳐 있는 사고법을 Q의 존재를 의식한 사고법으로 바꾸어가는 것이 지금부터 인간이 해야 할 일일 것이다. 다음 장부터는 그런 방법을 생각해보기로 하겠다.

4

이해를 위한 도구 I
- 인과연쇄 다이어그램

사물을 보는 법의 확인

앞 장까지는 현재 우리의 문명생활이 과학의 성과에 크게 의존하고 있고, 또한 사고방식도 무의식적으로 과학적 방법에 따르고 있다는 것을 살펴보았다. 과학적 방법은 제1장 [그림 3]에 나타난 것처럼 '보이는 것'에서 오른쪽으로 전개하는 것이다. 이것을 4층 구조 모델로 말하면 R의 세계에서 [R]의 내용을 충실하게 채워가는 것이다.

이 방법은 처음부터 사물을 나누어 생각하는 것이 '좋은' 방법으로 되어 있으므로 사물에 대한 세부적인 지식은 풍부해지지만, 전체를 보는 눈과 사물을 연관 지어 생각하는 자세를 아무래도 잃어버리게 된다.

본서의 목적은 사물을 어떻게든 따로따로 흩어지지 않도록 묶는 방법을 제안하는 것이기 때문에

(1) 사물은 모두 연관되어 있다

(2) 보이는 사물 속에는 '무엇인가'가 있다

이 2가지를 기본적인 입장으로 하여 여기까지 왔다.

이제껏 추상적인 사고에 대해서는 거의 다 말했으므로 본장부터는 그 사고법을 구체적으로 실천할 때의 기술을 취급하기로 한다.

그 기술은 '인과연쇄 다이어그램' 또는 '인과연쇄도'라고 부르는 것으로, 그 기본적인 사고법은 지금으로부터 약 10년 전에 졸저 '시스템의 보는 법·사고법'(천분당)에서 소개했다.

본서에서는 그 후 새롭게 필자가 획득한 경험을 첨가하면서 설명해가겠다. 따라서 사례는 앞의 것과 똑같은 것을 사용하는 것도 있지만 취급법은 전보다 더 깊어졌다고 생각한다.

2

인과관계

본서의 입장은 사물을 연관지어 생각하는 것인데, 사물이 연결되기 위해서는 그것을 이어주는 관계가 있어야 한다. 세상에는 여러 가지 관계가 있는데 그것들을 열거하여 그 성질을 논하는 것은 본서의 목적이 아니므로 여기에서는 특히 인과관계에 대해서만 생각하기로 하겠다.

우리는 일상생활에서 좋지 않은 상황에 처했을 경우, 상황을 개선하기 위해 그 원인을 찾으려 하고, 행동을 선택할 때도 여러 가지 행동의 결과를 예측하여 그 중에서 최선의 것을 선택하려 한다. 이것은 마음 속 깊은 곳에서 사물의 배경에는 '이렇게 하면 이렇게 될 것이다'라는 인과관계의 존재를 믿고 있기 때문이다. 그런 의미에서 인과관계는 일상생활에서 가장 기본적인 것이라고 생각된다.

'세상에서는 여러 다양한 상황이 끊임없이 발생하지만 어떤 상황도 갑자기 단독으로 불쑥 출현하는 일은 없다. 거기에는 뭔가 원인이 있을 것이다.' 이렇게 생각하는 것은 하나의 견해이며 신념이다.

반대로 '어떤 것에도 원인 따위는 없다. 모든 사물은 완전히 독립적으로 제멋대로 생겨난 것이다.' 이렇게 생각하는 것도 하나의 견해지만, 그것은 사물을 연관지어 생각하는 것을 기본으로 하는 본서의 입장은 아니다.

'이렇게 하면 이렇게 될 것이다'라는 인과관계는 사실은 이미 제3장 3절에서 서술한 함수관계다. 함수란 '정하면 정해진다'는 관계였다. 그때는 모든 예를 수식을 사용하여 다루었지만, 수식으로 표현할 수 있는 것만이 함수는 아니라고 강조하여 두었다. 이제부터는 함수를 이렇게 넓은 의미로 생각하겠다. 따라서 다음 표에 나타나는 관계도 훌륭한 함수관계다.

그런데 함수관계인 것이 확인된다고 해서 그것이 그대로 인과관계가 되는 것은 아니라는 점을 주의해 주기 바란다. 함수관계는 인과관계의 필요조건이지만 충분조건은 아니다. 이것이 중요한 부분이다.

함수관계를 확인하는 것은 원시 데이터 표에서 x와 y의 대응이 같다는 것만 체크하면 확인되기 때문에 기계적인 절차로 가능하다. 그

이해를 위한 도구 I

러나 인과관계는 그것이 어떤 인과관계인지 내용을 인식하지 않고는 확인할 수 없기 때문에 기계적인 체크로는 불가능하다. 다음의 예를 보자.

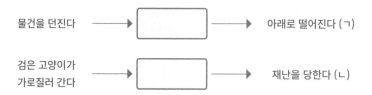

물건을 던진다 ⟶ [　　] ⟶ 아래로 떨어진다 (ㄱ)

검은 고양이가
가로질러 간다 ⟶ [　　] ⟶ 재난을 당한다 (ㄴ)

(ㄱ)의 경우, 우리는 이 인과관계의 성립에 대하여 아무런 의심도 갖지 않지만 (ㄴ)의 경우에는 미신이라고 하며 인과관계로는 생각하지 않을 것이다.

그 이유를 생각해 보면 (ㄱ)은 항상 그렇게 된다는 경험적인 사실도 있지만, 이 주장 뒤에는 '던진 것은 중력에 의해 밑으로 떨어진다'는 물리학의 법칙이 받치고 있기 때문이다. 4층 구조 모델의 말로 표현하면 [R]의 뒷증명이 있는 것이다.

하지만 (ㄴ)의 경우, 현재 우리는 이 현상을 설명하는 상식적·보편적인 [R]을 갖추고 있지 않다. 그러나 마음 한 구석에 '혹시' 하는 느낌이 있는 것도 사실이다. 이것은 소위 믿음이 간다는 식의 Q의 역할로서는 받아들여지겠지만 아직 과학의 단계에는 이르지 못한다. 그러나 과학적 설명이 안 되기 때문에 인과관계가 없다는 것도 말이 안 된다.

'과학적' 설명은 없어도 그 집단 속에서는 인과관계로서 인정되는 것이 있을 수 있기 때문이다. 예를 들어 도모비끼(友引)[9] 날에 장례식을 하지 않는 것은 '도모비끼의 장례식 → 누군가가 길동무가 된다'는 인과관계의 도식이 어딘가 마음 한구석에 자리하고 있기 때문일 것이다.

따라서 인과관계의 인식에는 R에 의한 것과 Q에 의한 것이 있는데, Q에 의한 것이란 'R로는 설명할 수 없지만 어느 특정 집단 속에서는 통용되는 것'이라고 표현하는 것이 정확할 것이다. 어느 집단에서는 인정되지만 다른 집단에서는 인정되지 않는 인과관계가 꽤 많은 것이 사실이기 때문이다.

---

9 일본에는 길흉을 점치는 지표로 이용되고 있는 로쿠요(六曜)라는 것이 있는데, 일본 달력에는 대부분 로쿠요가 표시되어 있다. 센쇼, 도모비키, 센부, 부쓰메쓰, 다이안, 세키구치 등이다. 특히 도모비끼 날에 장사를 지내면 친구가 죽는다고 하여 장례를 꺼린다.

이해를 위한 도구 I

3

함수관계와 인과관계

인과관계는 먼저 함수관계여야 하지만 함수관계라고 해서 반드시 인과관계는 아니라는 것을 확실히 해두고 싶다. 이것을 착각하고 있는 사람을 꽤 많이 보았기 때문이다.

경제 예측이나 시장조사를 할 때 여러 사물 사이에 함수관계가 있는지 확인해야 할 경우가 생긴다. 통계에서 얻을 수 있는 데이터는 함수를 설명할 때 사용한 데이터처럼 깨끗하지는 않다. 예를 들면 다음과 같다. 이 예는 함수관계와 인과관계의 차이를 알기 쉽게 설명하기 위해 만든 것으로 실제의 이야기는 아니라는 것을 양해해 주기 바란다.

x: 어떤 나라의 군대에서 1년간 말에 치여 사망하는 병사의 수

y: 어떤 나라에서 수확할 수 있는 '야채의 수확량'

얻어진 '원시 데이터'

x	y
1	3.036
2	4.984
3	6.907
4	9.090
5	10.983

이것을 그래프로 나타내면 다음과 같다.

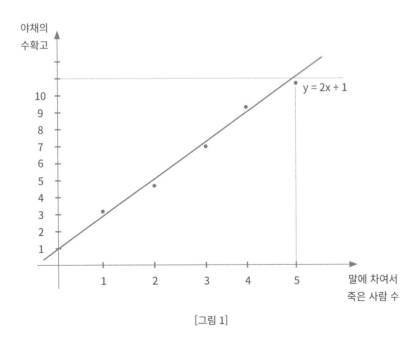

[그림 1]

이해를 위한 도구 I

이 그림을 주목하여 우리는 다음과 같은 통찰에 이른다.

'사실 점은 직선상에 나타나야 하지만 무엇인가의 착오로 빗나간 것이다.'

그래서 직선의 일반식 $y = ax + b$를 준비하여 '최소제곱법'이라는 절차를 사용하여 a, b의 값을 구하고 $y = 2x + 1$이라는 관계가 결정된다.

이것으로 변수 x와 y 사이에 함수관계가 있다는 것이 인정된다.

$y = ax + b$로부터 데이터를 사용하여 a, b의 값을 결정하는 조작은 모두 기계적인 조작으로 행해진다. 이를테면 R레벨의 이야기이다.

자, 위험한 것은 이제부터다. 함수관계를 인과관계로 인식하기 위해서는 그 내용의 인식이 동반되지 않으면 안 된다는 것을 앞에서 서술했다.

어떤 나라에서 사망하는 병사의 수와, 어떤 나라의 야채의 수확량 사이를 잇는 이치의 사슬을 생각할 수 있을까? 먼저 현재의 상식으로는 '그런 이치는 생각할 수 없다'는 결론이 날 것이다.

표면에 나타난 '수'를 너무 중시하는 이른바 과학적 방법을 맹신하는 사람들 중에는 함수관계와 인과관계를 구별하지 못하고 '수'의 조작에만 몰두하는 사람이 있기 때문에 주의하지 않으면 위험하다.

4

수치기술 존중의 폐해

이야기의 본질에서는 좀 벗어나지만, 앞 절에서 '수의 조작'이라는 말이 나온 김에 거기에 얽힌 이야기를 해두자. 중요한 것이기 때문이다.

"너의 이야기에는 '수'의 뒷받침이 없다. 단지 너의 주관일 뿐이다"라는 말을 들었을 때 "주관이 얼마나 중요해! 너의 말에는 수치는 있지만 주관이 없잖아?"라고 정색하고 말할 수 있는 사람은 대단한 사람이다. 본서의 입장은 후자이다. 더 정확히 말하면 주관 위에 수치가 있다는 입장이다.

이 세상에는 주관도 없고 뿌리도 없는 유령 같은 '수치기술'이 만연하고 있다.

금세기 중반, 제2차 세계대전 중, 일본의 '야마토 다마시이(大和

魂)'[10]라는 Q에 대항하여 논리적인 작전계획 R로서 탄생한 '오퍼레이션리서치'[11]가 전후 국가나 기업의 경영에 전용되어 수치데이터에 기초를 둔 경영이 일본에도 도입되었다. 필자도 거기에 가담한 사람 중 하나다. 구미, 특히 미국에서 발달한 경영기술을 이식한 셈이다. 아니 이식이라면 괜찮다. 그나마 뿌리가 붙어 있을 테니까.

사실 그것은 이식이 아니고, 보기 좋은 곳만을 잘라 가져온 '자른 꽃'과 같다. 무엇 때문에 수치를 사용하는지에 대한 반성 없이, 단지 수치모델을 사용하는 것이 과학적이라는 맹신이었다. 또한 컴퓨터의 발달이 이것을 더욱 부추겼다. '이것은 컴퓨터로 했으니까 틀림없다'는 것이 그 무렵의 정설이었다.

조금 생각해 보았으면 한다. '수' 또는 '숫자'라는 것은 초등학교에서 '다음을 계산하라'고 숫자를 열거할 때 말고는 숫자만 독립하여 단독으로 나타나는 일은 없다. 모두 '무슨 수'라는 식으로 '무슨'이 붙어 있다. '어디의 인구는 몇 백만 명'이라든가 '오늘은 기온이 30도로 더웠다'는 식이다.

이러한 배경을 잊고 '수'만을 조작하다간 큰 낭패를 보게 된다. 3g과 8cm를 더할 수 없는 것은 어린아이도 알고 있다. 그러나 3 + 8은 계산이 가능하고 11이 된다. 컴퓨터를 사용하여 처리하는 경우에는 특히 조심하지 않으면 안 된다. 컴퓨터는 수치계산은 잘 하지만 그 배후까지 신경 쓰지는 않기 때문이다.

이와 같이 '수'가 중시되는 것은 과학적 방법이 절대라는 의식이 작

---

10 외국과 비교하여 일본류라고 생각할수 있는 정신이나 지혜, 재각을 가르키는 용어이자 개념

11 제2차 세계대전 중에 영국과 미국에서 과학자와 수학자를 동원한 과학적인 분석을 통해 군사작전계획을 연구개발한 방법이다.

용하고 있기 때문이다. 과학은 본질적으로 양(量)의 사이의 관계를 추구하는 것이고, 양은 '수'로 나타난다. 그래서 '수'로 나타낼 수 없는 이론은 과학적이지 않다는 말이 나온다. 그리고 과학이 힘을 갖다 보면 A와 B를 비교할 때도 직접 대보면 간단할 것을 자로 재어 한 번 양으로 고쳐놓고 5㎝와 3㎝에서는 5 > 3이므로 A쪽이 길다고 판정하는 것이 '과학적'이 되는 것이다.

뿌리를 잊고 '수'의 조작만, 또는 '수'로 처리할 수 있는 곳만을 '자른 꽃'으로서 가지고 온 폐해는 도처에 나타나 있다.

기업의 업적은 이익을 나타내는 수치로 평가한다. 이익을 나타내는 수치가 클수록 좋은 것은 당연하다. 이 수치를 크게 하려면 이익이 정해지는 배경의 구조까지 거슬러 올라갈 필요가 있다.

겉으로 드러나 있는 것의 배경에 구조가 있다는 사고는 중요하다. 구조는 불변이고 겉으로 드러난 방법만 달라졌다고 보는지, 구조 그 자체가 달라졌다고 보는지에 따라 대응법이 달라지는 것은 당연하고, 그곳을 보지 못하면 대응법 자체를 생각할 수 없다. 표면의 수치만을 조작하는 것을 분식결재라고 한다.

또 있다. 편차치라는 것이다. 이것은 원래는 품질관리의 사고법에서 왔다. 기계로 물건을 제조한다고 할 때, 두께가 5밀리미터로 지정된 나사를 생각해 보자. 만들어지는 제품은 모두가 꼭 5밀리미터인 것은 절대로 없다. 얼마간의 차이가 있고 5밀리미터를 중심으로 한 정규분포라는 형태의 분포가 된다.

기계가 새 것일 때는 거의 모든 제품이 5밀리미터 주변에 밀집되어 있겠지만, 기계가 오래 되면 5밀리미터에서 동떨어진 것이 많이 나오

기 시작한다. 그러면 기계의 노후화를 확인하고, 기계의 갱신을 생각
하게 되는 것이다.

편차치에서는 이것이 거꾸로 되어 있다. 분포의 중심에서 동떨어진
제품은 기계(교육)가 나쁜 것이 아니고 만들어진 제품(학생)이 나쁜
것이라는 논법으로 살짝 비틀어져 있다. 스스로 불량품이 되고 싶은
제품(학생)은 없을 텐데 가엾은 일이다.

더 큰 문제는 '근대경제학'이다. 수치로 논의되는 부분만을 잘라내
어 학문으로 했기 때문에 '합리적 인간'이라는 이상한 동물을 가정하
게 되었다. 경제활동에서 인간의 욕망이라는 Q를 잘라버린 이야기니
까 금리를 내려도 경기는 전혀 회복되지 않는다. 진정한 '인간경제학'
이 필요한 시점이다.

예를 들자면 끝이 없으니 이쯤 해두고 본제로 돌아가자. 어쨌든 '수
치기술'을 적용할 때에는 그 뒤에 '수학 모델'이 있고, 그 모델에는 엄
격한 조건이 붙어 있다는 '근본'의 부분을 확인한 후가 아니면 위험
하다.

5

함수의 고리

　인과관계는 먼저 함수관계여야 한다는 것을 앞 절에서 서술했다. 함수라고 하면 곧바로 수식을 연상하는 것이 일반 사람들의 감각이 겠지만, 함수라는 것이 사물의 결정법을 표현하는 것이라는 원점으로 돌아가면, 결정법은 보통 말로 설명할 수 있는 것이다. 예를 들면 y = 2x라는 관계는 '입력(x)이 2배 된 것이 출력(y)된다'라고 하면 된다. 이렇게 되면 함수란,

　'무엇(x)이 무엇(y)을 어떻게(2배) 정하고 있는지'

를 나타내는 것이 된다.

　한편 사물이 모두 연결되어 있다고 하는 사고는 위와 같은 함수가

차례차례로 이어져가는 것을 의미한다. 그 구조는 다음과 같은 모습
이 된다.

이것은 'x_1이 x_2를 f_1이라는 결정법으로 정하고, 그 x_2가 x_3을 f_2라는
결정법으로 정한다……'는 것이다.

전혀 무관할 것 같은 상황도 연결하려고 생각하면 이어져버리는 이
야기로 '바람이 불면 나무통 가게가 돈을 번다'는 예가 있다.

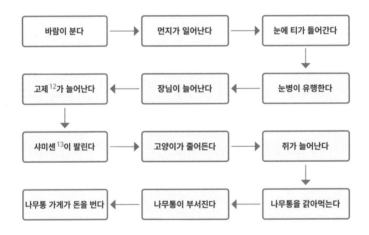

그림에서 화살표 왼쪽에 쓰여 있는 것이 '원인'이고, 오른쪽에 쓰여
있는 것이 '결과'인 것은 보는 바와 같다. 그러므로 화살표를 그 방향

---

12 사미센을 타면서 동냥을 하는 눈 먼 여자
13 고양이 가죽으로 만든 일본의 전통적인 악기

으로 더듬어 갈 때는 '그러니까'를 나타내고, 거꾸로 더듬어 갈 때는 '왜냐하면'이 된다.

> 바람이 분다 → (그러니까) 먼지가 일어난다 → (그러니까) 눈에 티가 들어간다 ……

이고,

> 나무통 가게가 돈을 번다 (왜냐하면) → 나무통이 부서지기 (때문 이다) → (그것은 왜냐하면) 나무통을 갉아먹기 (때문이다) ……

라는 것이 된다. 이와 같은 원인과 결과의 연쇄를 표현한 도표를 '인 과연쇄도'라 부르고, 사물을 연결하여 생각할 때 기본적인 도구가 된다.

하지만 위의 인과연쇄도는 사실을 나열했을 뿐 아직 함수의 연쇄로 는 이어져 있지 않다. 함수는 변수 사이의 관계이고 구체적인 사실 사 이의 관계는 아니기 때문이다.

위의 이야기에서 '바람이 분다'든가 '먼지가 일어난다'는 것은 구체 적인 사실이다. 이것을 함수관계로 하려면 '바람이 분다'든가 '먼지가 일어난다'든가 하는 구체적인 상황을 대입할 수 있는 변수를 준비하 지 않으면 안 된다.

그러기 위해서는 예를 들어 '바람이 분다'는 사실에서 바람은 불 때 도 있고 불지 않을 때도 있다는 것을 생각하고 '바람의 상태'라는 변

이해를 위한 도구 |

수를 준비한다. 똑같이 '먼지가 일어난다'는 구체적인 상황도 '공중의 먼지의 상태'라는 변수로 변경한다. 그런 식으로 변수의 연쇄로 바꾸면 다음과 같은 그림이 된다. [그림 2]

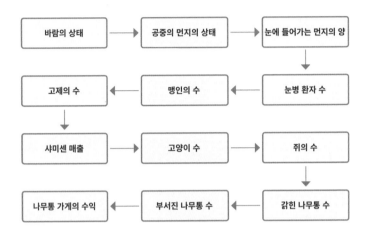

[그림 2]

이렇게 일단 변수의 사슬을 연결하고 나면, 다음에는 각각의 화살표가 어떤 함수를 나타내는지 구체적인 '결정방식'을 정하지 않으면 안 된다.

결정방식'을 정하는 방법은 다음과 같다. 맨 처음의

를 생각해 보자.

바람의 상태와 공중의 먼지의 상태가 함수관계에 있기 위해서는 공중의 먼지의 상태가 바람의 상태에 따라 확정되어야 한다. 이 경우 바람의 상태를 '풍속'이라는 잣대로 측정하고, 공중의 먼지의 상태를 ppm 단위로 측정하여 수식을 만드는 것도 가능하겠지만 극히 특수한 '조사'를 하는 경우가 아니라면 일상생활과는 거리가 너무 멀다. 일상에서는 더 완만한 질적인 관계로 충분하다. 그래서 지금은 '바람의 상태 → 공중의 먼지의 상태'에 대하여 다음과 같은 대응관계를 상정한다.

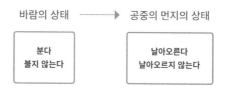

이 표를 보고 이 정도면 됐다고 생각하면 이것이 '바람의 상태 → 공중의 먼지의 상태'를 나타내는 함수가 된다. 이때 만약 '바람이 분다고 해도 비가 내린다면 먼지는 날아오르지 않을 것이다'라는 생각이 떠올랐다면, 지금 내가 알고자 하는 목적에 있어서 거기까지 생각할 필요가 있는지 없는지 음미한다. 그런 다음 '필요 없다'고 결론나면 위의 표를 살리고, '필요하다'고 결론나면 새로 '습도'와 같은 항목을 추가하여 도표를 다시 그린다. 이때 그림은 다음과 같은 [그림 3]이 되고 결정방식을 나타내는 표는 [표 1]과 같이 된다.

[그림 3]

바람의 상태	습도	낮다	높다
분다		날아오른다	날아오르지 않는다
불지 않는다		날아오르지 않는다	날아오르지 않는다

[표 1]

  이런 식으로 맨 마지막의 '갉아먹어버린 나무통 수 → 나무통 가게
의 수익'까지 모든 결정방식을 확정했을 때 변수의 연쇄와 함수표를
함께 한 것을 '인과연쇄 다이어그램'이라고 부른다. 이들의 함수를 모
두 수치함수로서 파악할수 있으면 '풍속 몇 미터의 바람이 불면 나무
통 가게의 수익이 얼마가 된다'는 것을 수치적으로 예측할 수 있게
된다.

6

인과연쇄 다이어그램

인과연쇄 다이어그램은 무엇이 무엇을 어떻게 정하고 있는지의 연쇄이다. 대개의 경우 '무엇이 무엇을'까지는 좋은데 '어떻게'부터 골치 아파진다. 어떤 상황에 대하여 그 원인이 무엇인지에 대해서는 동의를 얻는다 해도 그 결정방식, 이를테면 구체적인 함수에 대해서는 견해가 일정하지 않은 경우가 많기 때문이다.

그러니 우리는 일단 '어떻게'가 명백한 경우부터 시작하자.

❶ '어떻게'가 가장 명확한 것은 수학문제다

대부분의 사람들이 어렸을 때 산수나 수학시간에 고생했던 것은 이른바 '응용문제' 때문이었을 것이다. 지금 생각하면 그것이 골치 아팠던 것은 산수나 수학 문제 자체가 아니라 말로 풀어쓴 문장 때문이었

던 것 같은 느낌이 든다. 왜냐하면 '다음을 계산하세요'라는 식으로, 3
＋5라든가 7-4와 같은 계산은 어떻게든 되었는데, 'A군과 B군이 합계
300원을 가지고 물건을 사러 가서……'와 같은 이야기가 되면 아무래
도 잘 안 됐던 기억이 있기 때문이다.

지금 생각하면 그것은 산수라는 계산 능력의 문제가 아니라 상황파
악 능력의 문제가 아니었나 싶다. 상황파악 능력이 부족했기 때문에
문제를 식으로 만들 수 없고 당연히 정답도 낼 수 없었던 것이다.

그 후 성장하여 오퍼레이션 리서치 등의 계량적 경영 의사결정을
하는 일에 종사하면서 상황을 수식으로 표현하는 것을 직업으로 해
왔기 때문에 그 생각은 특히 깊은 인상으로 남아 있다.

그리고 스승이신 고 마쓰다 박사로부터 인과연쇄 다이어그램의 씨
를 받아 그것을 키우는 과정에 이것이 바로 '응용문제'의 정식화 그
자체임을 깨달은 것이다. 해 보자.

예제 1

어떤 상품을 원가에 40%를 더해서 정가를 매겼는데 팔리지 않아
정가에서 20% 할인하여 팔았더니 300원의 이익이 남았다. 원가
는 얼마인가?

이런 문제를 만나게 되면 대개의 사람들은 40%라든가 20%라든가,
300원이라는 숫자에 사로잡혀 어떻게든 정답을 찾으려고 종이쪽지
한 귀퉁이에 끄적끄적 계산을 한다. 그 결과 일단 2,500원이라는 답이
나온다.

하지만 자기가 찾은 답에 자신이 없으니까 동료에게 물어보고 똑같은 답이라면 안심한다. 동료의 답과 다르면 큰일이다. 제대로 된 계산 기록이 없으니까 다시 한 번 할 수밖에 없다. 하지만 다시 한다고 해서 정답을 얻을 수 있다는 보장은 없다.

정답을 얻을 수 없는 이유에는 2가지가 있다. 하나는 계산이 틀리는 것이고, 또 하나는 논리의 과정이 틀리는 것이다.

사람들은 한번 마음먹고 정한 것은 그것이 틀려도 좀처럼 거기에서 빠져나오지 못한다. 3 + 3 = 6이 정답인데 계산 도중에 순간적인 착각으로 3 + 3 = 9라고 해버리면 몇 번을 반복해도 좀처럼 틀린 곳을 알아차리지 못하는 것이다. 그럴 때는 잠시 계산을 멈추고 냉각기간을 두는 것이 좋다. 하기야 전자계산기를 사용하면 이런 실수는 피할 수 있겠지만.

논리 과정의 실수는 본서 제1장의 '여관종업원' 부분에서 서술한 것처럼 도표를 그리는 것으로써 피할 수 있다. 이 사고는 문제의 표면에 나타난 '수'의 배후에는 반드시 어떤 구조가 존재한다는 견해로 앞 절에서도 서술했고 본서의 주제인 제1장 [그림 3]에서 왼쪽으로의 전개이기도 하다.

이제 이 문제의 배후에 있는 구조를 조금 신중하게 찾아보기로 하겠다. 그것이 바로 '무엇이 무엇을 어떻게 정하고 있는가'라는 인과연쇄 다이어그램을 그릴 때 기본이 되기 때문이다.

먼저 문장 속에서 '무엇'을 나타내는 키워드를 찾는다. 이 경우 원가, 정가, 이익 등이 키워드가 되는 것은 명백할 것이다. 키워드는 이처럼 문제 속에 생생한 형태로 나타나 있는 경우도 있지만 40%라든가 20% 할인처럼 할증률이라든가 할인율이라는 말로 고쳐야 하는 것도 있다. 키워드를 준비한 다음에는, 키워드끼리 함수관계(결정방식)를 확인하면서 그려간다.

이때 그려가는 방향에는 2가지가 있다. 하나는 화살표선을 따라서 '그러니까, 그러니까……' 라고 생각하여 가는 방향이고, 또 하나는 화살표선 방향과는 반대로 '왜냐하면, 왜냐하면……' 라고 더듬어 가는 방향이다. 전자 쪽을 '전진법', 후자 쪽을 '후진법'으로 이름 붙여 놓자.

이 문제를 전진법으로 하면 원가와 할증률을 곱하면 할증액이 정해지고 그것과 원가를 보태면 정가가 된다. 그리고 정가에 할인율을 곱하면 할인액이 나오니까 이것을 정가에서 빼면 판매가가 나온다.

똑같은 것을 후진법으로 하면 이익은 판매가와 원가의 차액이다. 그 판매가는 정가에서 할인액을 뺀 것으로 그 할인액은 정가에 할인율을 곱한 것이다. 그리고 정가는 원가에 할인액을 보탠 것인데 할증액은 원가에 할증률을 곱한 것이다.

양쪽 모두 결국 다음과 같은 도표를 얻을 수 있다.

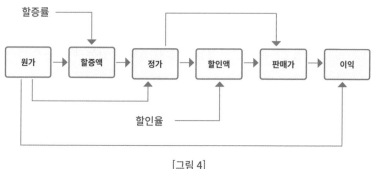

[그림 4]

여기서 이 도표 속에 숫자가 하나도 없다는 것이 중요하다. 숫자는 이 구조 위에 달라붙는 것이지 단독으로 나타나는 것은 아니기 때문이다.

지금은 설명을 위해 원가에서 이익까지 단숨에 이야기했지만 실제로 이와 같은 도표를 그릴 때에는 전진법, 후진법을 섞어서 '부분적으로 그려 연결하는' 것이 보통이다. 한 번에 훌륭한 완성도를 만들려고 하지 않고 그리고 나서 바라보고 바라보면서 수정해가는 것이다. 전진법을 취할지, 후진법을 취할지는 각각의 부분에서 사용하기 쉬운 방법을 사용하면 되고 사람들 각자의 성격에 따른다.

부분적으로 만들어 연결하는 이야기를 조금 후진법으로 해보면 '이익은 원가와 판매가의 차액'이니까

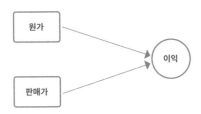

을 그릴 수 있고, '판매가는 정가에서 할인액을 뺀 것'이니까

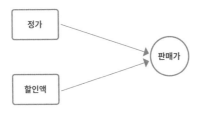

을 그릴 수 있다. 이것을 반복하여 최종적으로 [그림 4]를 만드는 것이다.

따라서 처음부터 깔끔한 그림을 그릴 수 있는 것은 아니다. 몇 번이나 그려서 살펴보고 수정하고 수정한 다음 또 그리기를 반복하는 중에 점점 형태가 갖춰지는 것이다.

위의 [그림 4]와 같은 형태의 도표로 완성하기까지 필자는 적어도 20장의 그림을 그린 기억이 있다. 키워드의 위치에 따라서는 화살표 선이 교차하기도 하고 방향이 뒤죽박죽 엉켜서 보기 안 좋아지기도 한다. 그림을 그리려면 약간의 미적 감각도 요구된다. 지금도 필자는 위 도표보다 더 좋은 도표가 있을지도 모른다는 생각이 있다.

그럼 이와 같이 '무엇이 무엇을 정하는가'라는 관계가 파악되었다면 다음은 그 관계가 실제로 어떤 것인지, 이를테면 '어떻게 정하는가'를 확정하고 그 결과를 표나 수식으로 나타내게 된다.

지금의 경우에는 수학문제이기 때문에 관계는 수식으로 표현 가능하다. 왼쪽부터 순서대로 봐 가면,

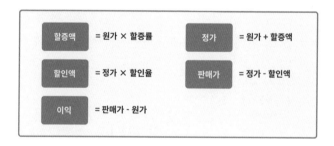

[표 2]

라는 것이 된다. [그림 4]와 [표 2]를 함께 한 것이 인과연쇄 다이어그램이다.

여기까지 오면 이 인과연쇄 다이어그램을 이용하여 문제의 해답을 얻는 것은 완전히 기계적인 조작이 된다.

인과연쇄 다이어그램에서 화살표선이 들어가지 않은 변수 값을 주면 그 다음은 [표 2]의 룰에 따라 차례차례로 정해져 간다.

이 예에서는 원가, 할증률, 할인율의 3개이다. 원가는 모르기 때문에 x라 하고, 할증률, 할인율은 각각 0.4, 0.2로 주어져 있으니까 이것을 [그림 4]에 기입하고 그 다음 [표 2]의 룰에 따라서 차례로 계산한 결과를 기입하면 다음 그림이 된다. [그림 5]

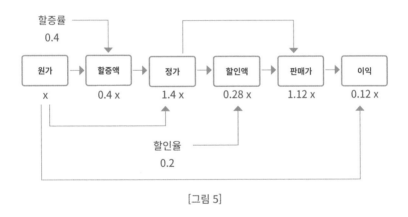

[그림 5]

이 결과 이익은 0.12x이고, 이것이 300원이라는 것이니까

$$0.12x = 300$$

이라는 방정식을 얻을 수 있다. 다음은 이것을 풀어 x = 2,500이 되어 정답은 2,500원이 된다.

이와 같이 표층에 나타난 '수'의 배후에 있는 '구조'를 확실하게 파악해 두는 것은 사물을 생각할 때 기본이다.

세상의 동향을 생각할 때 구조(인프라)는 불변이고 현상이 바뀌었다고 볼 것인지, 구조 그 자체가 바뀌었다고 볼 것인지에 따라 대처 방법은 전혀 달라지는 것이다. 본질을 보지 않으면 요즘의 정치가들처럼 임시방편의 정책으로 상황을 점점 악화시켜버린다.

문제를 하나 더 풀어보자. 그리는 법은 생략하고 완성된 인과연쇄 다이어그램을 적어서 필요한 것만을 서술해 둔다.

예제 2

원가 150원의 물품 A와 원가 250원의 물품 B를 합해서 320개 구입했다. A에게는 원가의 3할의 이익이 나오도록 정가를 책정하고 B에게는 2할의 이익이 나오도록 정가를 책정했다. 전부 팔아서 이익은 15,000원이었다. A와 B를 각각 몇 개씩 구입했을까?

이 문제에서는 적어도 다음 3종류의 인과연쇄 다이어그램을 그릴 수 있다. 함수 표(연산)는 당연한 것이니까 여기서는 생략한다.

(ㄱ)

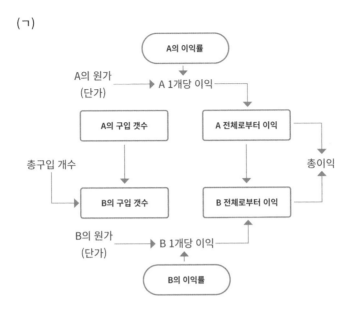

(ㄴ)

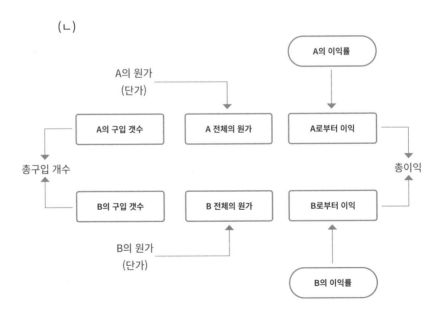

이해를 위한 도구 I

(ㄷ)

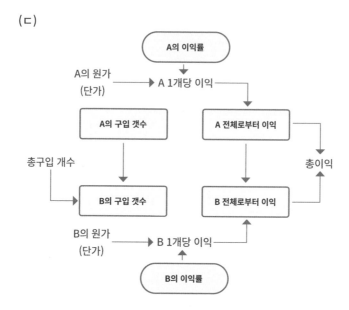

이 3개의 인과연쇄 다이어그램에서 (ㄱ) (ㄴ) 쪽에서는 A의 구입 개수를 x, B의 구입 개수를 y로 했을 때

$$\begin{cases} x + y = 320 \\ 45x + 50y = 15{,}000 \end{cases}$$

라는 연립방정식을 얻을 수 있고 (ㄷ) 쪽에서는

$$45x + 50(320 - x) = 15{,}000$$

라는 미지수가 x만의 방정식을 얻을 수 있다. 이것은 연립방정식의

제1식으로부터 y = 320 - x를 만들어 제2식에 대입한 것이다.

이처럼 겉으로는 각각의 인과연쇄 다이어그램이 서로 달라 보여도 결과는 모두 같다. 그러므로 어느 방식을 취하든 그 사람의 개성 Q에 따르면 된다.

제1장에서 생각하는 것은 눈에 보이지 않으니까 '그림'을 그려서 눈에 보이도록 만드는 것이라고 말했다. 인과연쇄 다이어그램도 그 구체적인 표현 중 하나다. 이러한 '그림'은 '옳다'든가 '좋다'든가 하는 것이 따로 있는 것이 아니고, 수학적으로 틀리지 않으면 모두 '옳고' '좋은' 것이다. 역으로 생각하면 '그림'을 봄으로써 그린 사람의 생각을 알 수 있다.

인과연쇄 다이어그램을 그릴 때 무엇을 어떻게 그리든 그것은 그리는 사람의 Q이지만 그려진 결과로서의 '그림'은 다른 사람이 보았을 때 이해 가능한 것이어야 한다.

❷ '어떻게'를 수식으로 변환할 수 없는 경우를 생각하자

어떤 상황의 변화를 기술하는 문장을 예로 들어보겠다. 이것은 사실이든 가설이든 주장이든 아무 상관없다.

예제

나란히 붙어있는 두 나라가 있다. 어느 한쪽 나라가 군비를 증강하면 다른 쪽 나라는 그만큼 위협을 느끼고 자국의 군비를 확장하여 그 위협에 대비한다. 그 결과 처음의 나라는 더욱 위협을 느끼고 다시 군비 확장을 추진한다.

이 문장에서 인과관계를 추출하면 다음과 같은 인과연쇄도를 얻을 수 있다.

그 다음에 군비를 증강할 수도 있고, 축소할 수도 있다는 것을 염두에 두고 각각의 항목을 변수로 고쳐서 변수의 연쇄도를 만든다. [그림 6]

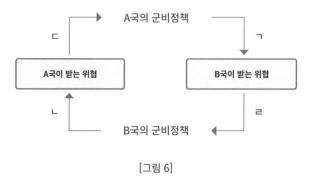

[그림 6]

그 다음에는 각각의 화살표선에 대하여 그 앞쪽 끝의 상황을 근원 쪽의 상황에 따라 확정할지 안 할지 반성한다. 그 작업에는 모든 학문의 성과나 경험, 어떤 경우에는 '예지력' 같은 것까지 총동원하게 된다. 반성의 결과는 당연히 '어떤 입장에서 어느 범위까지 생각하는지'

에 따라 달라진다. 본서의 입장은 '국제정치학'이 아니라 인과연쇄 다이어그램 만드는 법을 설명하는 것이기 때문에 위의 화살표선의 성립을 인정하기로 하고 앞으로 나아가자.

우선 상식적으로 ㄱ, ㄴ, ㄷ, ㄹ의 함수관계를 다음과 같이 결정했다고 하자.

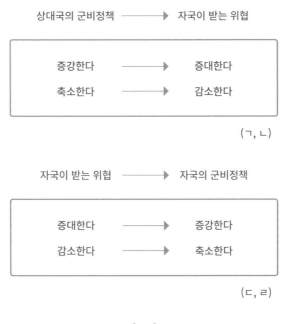

[표 3]

이것으로 인과연쇄 다이어그램이 완성되지만, 인과연쇄 다이어그램을 만드는 과정에서 반성이나 함수의 확정이라는 많은 작업이 들어가기 때문에 완성된 인과연쇄 다이어그램에서 얻어진 '주장'이 원래의 주장과 괴리되어 버리는 경우가 있다. 그 때문에 원래의 주장을 재현할 수 있을지 없을지 체크할 필요가 있다.

이해를 위한 도구 I

그래서 지금 A국의 군비정책으로서 '증강한다'를 [그림 6]에 대입하고 ㄱ, ㄴ, ㄷ, ㄹ의 표를 사용하여 기계적으로 인과연쇄 다이어그램을 더듬어 가면

A국이 군비를 증강한다 → B국의 위협이 증대한다 →
　　　　　(표3 ㄱ)　　　　　　　　　　　　(표3 ㄹ)

B국이 군비를 증강한다 → A국의 위협이 증대한다 →
　　　　　(표3 ㄴ)　　　　　　　　　　　　(표3 ㄷ)

A국이 군비를 증강한다 ……

라는 것으로 최초의 문장을 재현할 수 있는 것을 확인할 수 있다. 따라서 이 인과연쇄 다이어그램은 일단 받아들일 수 있는 것이라고 생각해도 좋다.

　이 인과연쇄 다이어그램을 사용하면 A국이 군비를 축소했을 경우 세상의 변화를 예측하는 시나리오를 쓸 수 있다.

A국이 군비를 축소한다 → B국의 위협이 감소한다 →
　　　　　(표3 ㄱ)　　　　　　　　　　　　(표3 ㄹ)

B국이 군비를 축소한다 → A국의 위협이 감소한다 →
　　　　　(표3 ㄴ)　　　　　　　　　　　　(표3 ㄷ)

A국이 군비를 축소한다 ……

가 되어 세상은 평화로워진다는 시나리오를 얻을 수 있다.

그런데 [표 3]의 함수인식은 인식하는 사람의 견해에 의존한다는 것을 본서에서 몇 번이나 강조했다. 지금 B국의 움직임에 대하여 [표 3 ㄹ]이 아니라 다음 [표 4]와 같은 인식을 얻었다고 하자.

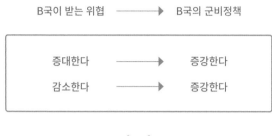

[표 4]

ㄱ, ㄴ, ㄷ에 대해서 앞에서처럼 똑같이 했을 때 이 함수표에 따라서 [그림 6]을 더듬어 가면

A국이 군비를 축소한다 → B국의 위협이 감소한다 →
          (표3 ㄱ)   (표4)

B국이 군비를 증강한다 → A국의 위협이 증대한다 →
          (표3 ㄴ)   (표3 ㄷ)

A국이 군비를 증강한다 ……

라는 식이 되어 'A국이 모처럼 군비를 축소해도 결국은 또 군비확산이 행해진다'는 시나리오를 쓸 수 있다.

이와 같이 각각의 화살표선의 내용인 함수의 설정방법이 다르면 쓰이는 시나리오도 달라지는 것은 당연하지만

이해를 위한 도구 I

설정한 함수 → 장래 예측 시나리오

라는 관계 그 자체가 함수관계가 되어 있는 것이 중요하다.

세상에는 그때그때 자기 입맛에 맞게 임시방편 식으로 말하는 작자들이 많다. 그런 작자들에게는 이렇게 물어보는 게 좋다. "당신이 쓴 시나리오의 근거가 뭡니까?"

"나는 이렇게 본다. 그러니까 이러한 시나리오가 된다"는 식으로, 그러니까의 부분이 확실한 사람은 신용해도 좋다. 어떠한 함수를 설정할지는 그 사람의 Q지만, 시나리오를 연역하는 과정은 R에 따라가야 한다. 그렇게 하지 않으면 이야기는 엉망이 된다. 세상에서는 이런 종류의 혼란이 대단히 많다. 속지 않으려면 단단한 주의가 필요하다.

7

인과연쇄 다이어그램 작성 절차

인과연쇄 다이어그램은

   i - 상황을 나타내는 변수의 연쇄를 표시하는 '구조도'와

   ii - 변수간의 관계를 나타내는 '함수표'

를 세트로 한 것인데 그 근본이 되는 것은 경험·관찰·실험 등에 의하여 구체적으로 인식된 결과다. 하지만 우리는 변수를 직접 인식할 수 없다. 따라서 우선 만들어야 할 것은 앞에서도 서술한 '인과연쇄도'다. 인과연쇄도를 만드는 법에 대해서는 다음 장에서 서술하겠지만 이것은 관찰된 사실인 것이어도 되고 가설이어도 상관없다. 오히려 가설 쪽이 많다.

이해를 위한 도구 I

단순하게 아래와 같은 외길의 인과연쇄도를 얻었다고 하자.

이것은 구체적인 값의 연쇄이기 때문에 이것을 변수로 격상하여 다음과 같은 변수의 연쇄를 만든다.

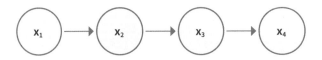

여기에서 화살표선이 정말로 함수가 될 수 있을지에 대하여 반성하고, 필요에 따라 요인을 추가한 다음에 함수를 확정한다.

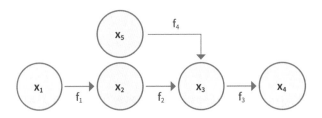

함수표의 작성은 학문, 지식, 경험, 어떤 경우에는 아집으로 작성한다. 경우에 따라서는 하나의 결과에 대하여 함수가 몇 장이나 만들어질 가능성이 있다. 군비확산 문제 때의 B국의 거동처럼.

이렇게 하여 완성된 인과연쇄 다이어그램과 그 구체적인 값의 연쇄
는 다음과 같은 구도가 된다.

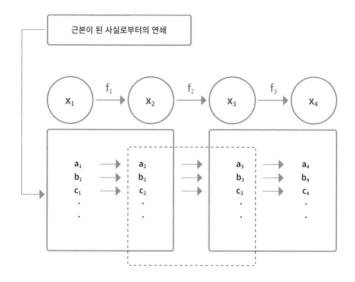

이것에 의해 구체적으로 관찰된 연쇄

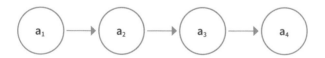

에서 실제로는 경험하지 않은 상황을 초기조건 b1, c1 ……를 줌으로
써 기계적으로 예측할 수 있다. 이것이 인과연쇄 다이어그램이라는
도구가 맡은 역할이다.

그런데 실제로는 이 '어떻게'가 꽤 까다롭다. 함수관계가 있다는 것
에는 동의하더라도 그 구체적인 결정법 이를테면 구체적인 함수에

이해를 위한 도구 I

대한 동의는 좀처럼 얻기 어려운 것이 많다. 앞에서 B국의 거동에 대해서도 2개의 견해가 있었다. 그리고 하나의 함수에 대하여 몇 개의 동의를 얻었다고 해도 전체적으로 함수의 수가 많으면 그 조합은 방대해져 버린다.

인과연쇄 다이어그램을 그리는 목적이 '모든 가능한 시나리오를 준비하는 것'이라면 위와 같은 작업을 모두 해야 하지만, 학문연구라면 몰라도 실용적인 용도로 구하는 함수는 비교적 단순한 것이라고 생각해도 좋은 경우가 많다.

함수의 결정방식은 2가지다. '한쪽이 증가하면 다른 한쪽도 증가하고 한쪽이 줄어들면 다른 한쪽도 줄어드는' 식의 같은 방향으로 변화하는 함수와 '한쪽이 증가하면 다른 한쪽은 줄어들고 한쪽이 줄어들면 다른 한쪽은 증가하는' 식의 역방향으로 변화하는 함수다. 전자를 '플러스 함수' 후자를 '마이너스 함수'라고 불러두자.

다음 장에서는 이 2개의 함수를 적극적으로 사용하여 특정 상황을 예측하고 상황개선을 꾀하는 방법에 대하여 서술하겠다.

5

이해를 위한 도구 II
- 인과연쇄도

특정 상황의 예측

도구에는 각각의 특징이 있다. 앞 장에서 서술한 인과연쇄 다이어그램은 모든 상황을 예측하는 시나리오를 쓰는 데에는 유효하지만, 함수의 설정이라는 대단히 까다로운 작업이 필요하다. 학문 연구 입장에서는 그런 것도 필요하겠지만 실용적인 면에서는 그렇게까지 하는 경우는 거의 없고, 함수설정에 그렇게 많은 시간을 들일 여유도 없는 것이 보통이다.

실제로 나타나는 함수는 질적으로는 거의 앞 장에서 도입한 '플러스 함수'와 '마이너스 함수'다. 모든 상황의 시나리오가 아니라 특정 상황의 예측만이 필요한 경우에는 대개 그것으로 충분하다.

'바람 - 나무통'으로 해보자. 문제가 '풍속 5m의 바람이 불었을 때 나무통 가게의 수익은 얼마인가?'라는 '양적'인 문제라면 전장의 [그림 2]에 나타나는 화살표선이 나타내는 함수를 모두 '수치함수'로 설정해야 하지만 '바람이 불지 않았다면 나무통 가게는 어떻게 될까?'라는 '질적'인 문제라면 '플러스 함수'와 '마이너스 함수'만으로도 충분하다.

단지 이와 같은 질문에 대하여 '바람이 불어 돈을 벌었으니까 바람이 불지 않으면 돈을 벌지 못할 것'이라고 생각하는 것은 너무나 단편적이다. 어쨌든 바람이 불고 나서 나무통 가게가 돈을 벌기까지는 먼지가 날아오르고 고양이가 줄어드는 등의 여러 가지 일들이 일어난 다음이었으니까.

그래서 그 항목과 연결된 인과연쇄도를 보면서 각각의 함수가 '플러스 함수'인지 '마이너스 함수'인지 판단하면서 대응하는 상황을 써서 이야기의 줄기를 따라가야 한다는 것이다.

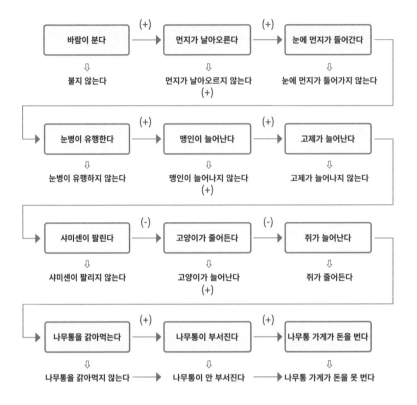

이렇게 하여 '나무통 가게가 돈을 못 번다'는 결론에 도달하게 된다. 이 예는 원인이 하나뿐인 외길이지만, 경우에 따라서는 원인이 여럿인 경우가 있다. 예를 들면 앞 장 5절에서 서술한 것처럼 '먼지의 상태'가 '바람의 상태'뿐만 아니라 '습도'와도 연관된 경우다. 이 경우에도 원인이 되는 각각의 상태는 변수가 아니라 값으로 확정되어 있기 때문에 그 값에 대하여 판단하면 된다.

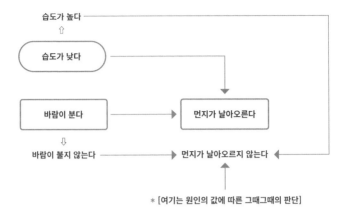

습도가 높다

↑

습도가 낮다

바람이 분다 → 먼지가 날아오른다

⇓

바람이 불지 않는다 → 먼지가 날아오르지 않는다

* [여기는 원인의 값에 따른 그때그때의 판단]

*의 부분은 어디까지나 원인으로부터 정하는 것이고 외길 때와 같이 기계적으로 '먼지가 날아오른다' ⇒ '먼지가 날아오르지 않는다'로는 안 되는 것에 주의해 주었으면 한다.

자, 이것만 보면 인과연쇄도는 인과연쇄 다이어그램을 만드는 것이 귀찮으니까 이 정도로 해두자 하면서 날림식으로 만든 것 같은 느낌이 들지만 인과연쇄도에도 나름의 메리트가 있다. 그것들은 다음 절에서 보기로 하겠다.

덧붙여서 전저 '시스템의 보는 법, 사고법'에서는 필자에게 인과연쇄 다이어그램이 주이고 인과연쇄도가 종이라는 생각이 있었기 때문에 본서에서 말하는 인과연쇄도를 '인과연쇄 다이어그램 모조'라고 불렀다. 그러나 그 후 여러 장면에서 조우하면서 '인과연쇄도'만의 독특한 사용법을 개발했기 때문에 '모조'에서 출세시켜 독립시키기로 했다.

인과연쇄도의 사용법

인과연쇄도는 원인과 결과의 연결을 그림으로 그린 것이다. 화살표 선의 앞쪽에 원인을 끝쪽에 결과를 기록한다. 화살표선을 그 방향으로 더듬어 가면 '그러니까'이고 역으로 거슬러 가면 '왜냐하면'이다.

'○○이다'가 인과연쇄도를 그리는 '동기'가 된다.

가장 가까운 것은 나쁜 상태를 좋은 상태로 바꾸고 싶다는 기분이다. 그 때문에 나쁜 상태를 초래한 원인을 찾아서 대처하려는 것이다.

요즘 세상 사람들은 뭔가 문제가 있으면 그 원인을 깊이 추구하지 않은 채로 곧바로 해결책으로 뛰어드는 경향이 있다. 어울리지 않는 비유일지도 모르지만 그것은 마치 종기가 난 곳에 연고를 바르고 그냥 넘어가려고 하는 것과 같다. 약을 바르면 일단 종기는 사라지지만 또 생겨난다. 그런 체질이기 때문이다. 또 연고를 바른다. 일단 사라진다. 또 생겨난다……를 반복한다.

그러는 동안에 약의 부작용으로 몸 전체가 위험해져서 경우에 따라서는 목숨을 잃을 수도 있다. 그렇게 되고 나서는 늦다. 대중요법에만 의존할 것이 아니라 체질개선을 하지 않으면 안 된다. 예전에 TV CF 문구에 '악취는 근본이 되는 원인을 제거해야 한다'는 것이 있었다. 맞는 말이다. 인과연쇄도는 그 원인을 찾아서 종기가 생기지 않는 체질로 바꾸려고 하는 것이다.

이 방법을 간단하게 도식적으로 나타내면 다음과 같이 된다.

'A가 나쁜 것은 B가 나쁘기 때문이다. B가 나쁜 것은 C가 나쁘기 때문이다. C가 나쁜 것은 D가 나쁘기 때문이다……'라는 인과의 연쇄는

라는 상태가 된다. 여기서 이들의 화살표가 나타내는 함수가 '플러스 함수'라면 각각의 '나쁘다'를 '좋다'로 바꾸면 결과로서의 A도 '좋게' 된다는 발상이다.

'마이너스 함수'의 경우에도 원인의 상태를 역으로 하면 된다.

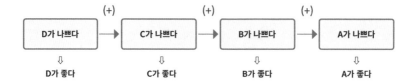

인과연쇄도는 어디를 포착하여 '좋게' 할지, 그러기 위해서는 어떻게 하면 좋을지를 판별하는 데 유용하다. 자세한 것은 다음 절에서 예를 들어 생각하기로 하자.

3

인과연쇄 사용법의 예

1 옷매무새 흐트러짐 : 자기가 할 수 있는 일은 스스로

어느 일본식 여관에 룸서비스 직원으로 취직한 젊은 여성이 있다. 일본식 여관이기 때문에 당연히 기모노(일본 전통 복장)를 입어야 한다. 어제까지 청바지 차림으로 지내던 이 여성에게 기모노는 골칫거리다. 입는 것도 성가시고 움직이면 곧바로 흘러내리고 흐트러져버린다. 어떻게 하면 좋을지 생각했다. 그래서 '어째서 옷매무새가 흐트러지는 것인지' 그 원인을 찾아 그린 것이 다음 그림이다. 그녀의 동기는 '옷매무새 흐트러짐'을 없애고 싶은 기분에 있다.

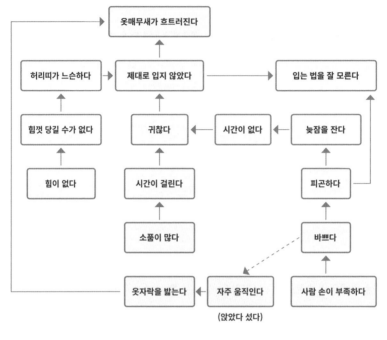

[그림 1]

[그림 1]은 거듭 원인을 물어가면서 얼마든지 크게 할 수 있다. 오른쪽 아래의 '사람 손이 부족하다'는 '룸서비스 직원이 부족하다'는 것이고, 그것은 '룸서비스를 하려는 여성을 구할 수 없다'든가 '인건비 측면에서 룸서비스 직원을 늘릴 수 없다'는 이유 때문이다. 제1장 11절에서 노인과 덜렁이의 대화 때에 서술했던 재치 있는 노인처럼 그녀는 여기서 작업을 중단했다. 그녀의 입장에서는 여관의 경영방침은 수비 범위 밖이었기 때문이다.

그리고 이렇게 그려진 인과연쇄도를 지긋이 바라보았다. 바라보고 있으면 자연스럽게 '이 부분은 무슨 이야기, 이 부분은 무슨 이야기'라는 형태로 전체의 그림이 점점 부분적으로 나뉘어 보인다. 이것은 논리가 아니다. 보는 사람의 Q의 작용이다. 지금의 예는 다음과 같이 된다.

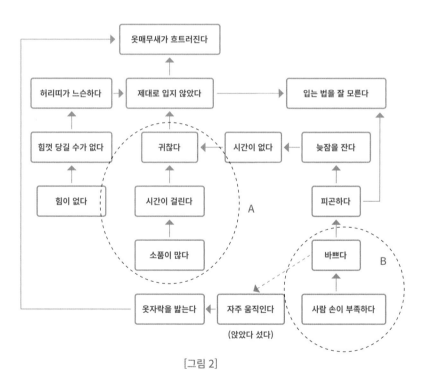

[그림 2]

이해를 위한 도구 II

이와 같이 나누어진 부분을 '섬'이라고 부른다. A는 '기모노의 특성'이라는 섬이고, B는 '여관의 상태'라는 섬이다.

거기서 그녀는 생각한다. A의 '기모노의 특성'을 바꿀 수 있을까? 기모노는 일본의 전통적인 복장이기 때문에 그녀로서는 바꿀 도리가 없다. B는 어떨까? 이것은 여관 경영자의 문제이고 신입사원인 그녀가 관여할 수 있는 문제가 아니다. 그렇다면 그녀가 할 수 있는 일은

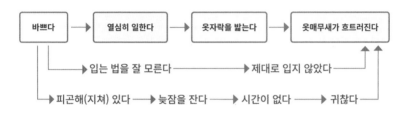

라는 계열 중에서 개선하는 것뿐이다.

'바쁘다'는 것은 인력이 부족해서 그런 것이니 그녀로서는 어떻게 할 수가 없다. 가능한 것은 그 후의 개선이다. 열심히 일하는 것은 바쁘니까 어쩔 수 없다고 치더라도 움직일 때마다 옷자락을 밟는 것은 개선할 수 있을 것이다. '조심하면서 움직이면' 된다.

또한 입는 법을 제대로 알지 못하는 원인으로 '바쁘다'는 것을 들고 있지만 이것은 단지 변명은 아닐까 반성해 본다. 게다가 '피곤한' 것은 사실이라고 해도 그래서 '늦잠을 잔다'는 것은 '응석' 아닐까? 이렇게 하여 그녀는 스스로 개선할 수 있는 부분을 찾아내어 그 개선을 위해 노력하게 된다.

만약 아무리 노력해도 개선이 안 될 경우에는 이 그림을 가지고 상

사에게 가서 이렇게 말하면 된다.

"나는 이러이러한 상황을 인식하고 이런이런 노력을 했지만 도무지 나아지지 않습니다. 원인은 인력이 부족한 점에 있다고 생각하므로 증원을 해주세요. 아니면 제가 더 노력할 부분이 있다면 지적해 주세요."

세상에는 자기의 노력 부족은 제쳐놓고 모든 것을 외부의 책임으로 전가하는 자들이 많다.

먼저 할 일을 확인하고 열심히 노력한 다음에, 그래도 외부의 도움이 필요하다면 그때에 범위를 넓혀가는 것이 정도라는 말이다. 그때 상대에게 이쪽의 사정을 이해시키는 데에 인과연쇄도가 필요하다.

② 영업의 생산성 : 어디서 어떤 '수'를 둘까

다음의 [그림 3]은 모리 아키라 저 '컴퓨터 창조공학'(일간공업신문사)에서 차용한 것이다. 각 항목의 중요도를 수치로 재는 방법에 대한 이야기를 다룬 책이지만 인과연쇄도의 모양을 갖추고 있으므로 여기서 사용하기로 하겠다.

이 그림을 똑바로 바라보자. 화살표선은 모두 '플러스 함수'나 '마이너스 함수'의 어느 쪽이라고 생각하면 영업의 생산성을 높이기 위해서는 각 항목의 상태를 거꾸로 하면 된다.

그럼 어느 항목을 포착하면 좋을까?

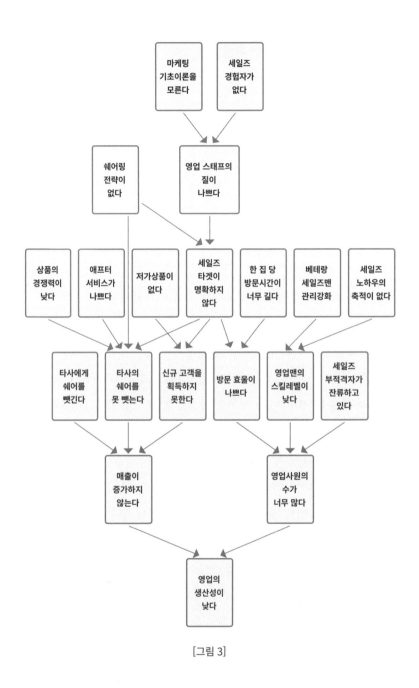

[그림 3]

그림의 성질상 다음과 같은 것을 생각할 수 있다.

ㄱ. 화살표선이 들어오지 않는 요인이 가장 근본 원인이니까 여기를 정벌하지 않으면 안 된다. 그러나 '사물을 연결하여 생각하는' 우리의 입장에서는 가장 근본의 바깥쪽에 또 근본이 있는 것이기 때문에 이것에는 너무 구애받을 필요 없다. 가능한 한 먼 쪽부터 공격하는 갓이 원칙이라고 생각해두면 된다.
ㄴ. 화살표선이 많이 나와 있는 요인은 파급효과가 크다는 뜻이기 때문에 그 부분을 정벌하면 효과적이다. 선택해야 할 항목의 중요도는 화살표선의 밀집도로 잴 수 있다.

지금 화살표선이 가장 많이 나와 있는 '세일즈 타겟이 명확하지 않다'는 항목을 채택했다고 하자. 당연히 개선책은 '세일즈 타겟을 명확하게 한다'가 되지만 이때 '무엇을 위하여'라는 확실한 목적이 없으면 실제 안은 나오지 않는다.

이 목적은 인과연쇄도에서 '세일즈 타겟이 명확하지 않다'에 이어지는 항목에서 얻을 수 있다. '세일즈 타겟이 명확하지 않다'의 다음에는 '타사의 쉐어를 못 뺏는다', '신규고객을 획득하지 못한다', '방문 효율이 나쁘다' 등이 이어지고 있다. 기준을 정해 이 3가지 중 하나를 선택한 다음 실제 안의 창출·작성에 착수하게 된다.

어느 것을 목적으로 선택하느냐에 따라 만들어지는 안은 달라진다. 따라서 만들어진 안이 선택한 목적에는 맞지만, 다른 목적에는 마이너스로 작용하는 일이 있을 수 있다. 이런 경우에는 다시 [그림 3]으로 돌아와서 본장 1절에서 했던 것과 같은 예측 체크를 해서 안의 적합성을 확인할 필요가 있다.

수많은 목적 후보들 중에서 어떻게 하나의 목적을 선택할지, 그리고 그것에 적합한 안을 내는 방법, 안 실현의 방법 등은 실제로는 매우 중요한 것이지만, 그것은 본서의 수비범위가 아니므로 언급하지 않겠다. 다만 필자가 소속한 '와세다대학 아시아태평양 연구센터, 국제경영부문'(구 시스템과학연구소)에서 오랫동안 연구를 계속하고 있는 '시스템 설계'라는 수법이 있다는 것을 첨언해 두겠다.

사물을 제대로 보는 것은 한 번에 가능한 것은 아니다. 어디서부터 손을 댈지 우선순위를 정하기 위해서는 그 전체 모습이 확실히 보이지 않으면 안 된다. 인과연쇄도는 바로 그 전체 모습을 제공하는 것이다. 자신이 싸우고 있는 전투 영역과 전투의 목적은 전체 모습을 파악한 다음에 정해야만 하는 것이다.

눈앞에 맛있는 음식이 즐비하게 놓여 있다. 전부 먹을지 남길지, 그것은 그때의 건강상태에 따른 결심이고, 나아가서 어느 것부터 먹을지는 그때의 상황에 따른다. 한 번에 먹을 수 있는 것은 하나뿐이다.

처음부터 모든 요리가 놓여 있을 때에는 그것이 가능하다. 전체를 보고 어느 것을 얼마만큼, 어느 것부터 먹을지 결정할 수 있으니까. 하지만 중화요리처럼 시간차로 나오는 코스 요리는 앞이 보이지 않으므로 까다롭다.

돈 많은 친구가 중화요리를 사주겠다고 한다. 부자니까 요리가 많이 나올 거라 생각하고 조금씩만 먹고 있었는데 배가 부르기도 전에 디저트가 나온다. 반대로 그다지 유복하지 않은 친구에게 초대를 받는다. 대단한 것은 없을 거라 생각하고 우동부터 먹는다. 메인 음식이 나올 때는 배가 너무 불러 힘들다. 전체 모습이 보이지 않을 때의 '괴로움'이다.

③ 온천여관과 전문학교 : 공통 패턴의 추출

다음 2개의 인과연쇄도를 보자. A쪽은 숙박 가능 인원 200명에 종업원 15명 정도의 중간 규모 온천여관의 경우고 B쪽은 15명 정도의 사무직원과 30명 정도의 강사를 두고 있는 전문학교의 경우다.

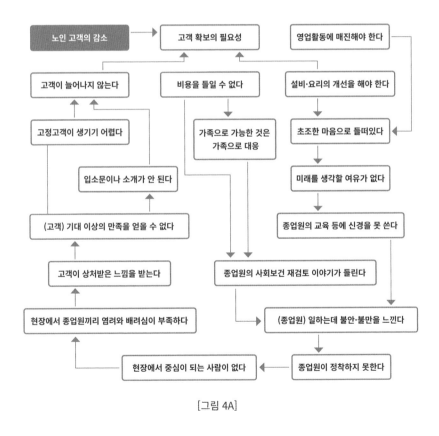

[그림 4A]

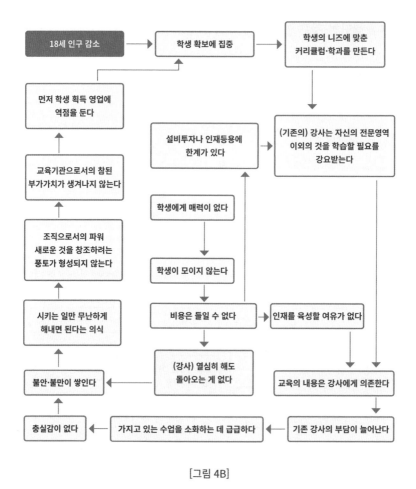

[그림 4B]

A, B는 양쪽 모두 이제까지는 경영 상태가 무척 순조로웠다. 특히 A쪽은 노인고객에게 눈을 돌린 것이 적중하여 꽤 안정적으로 발전해 왔지만 요즘 노인고객이 감소하여 경영이 위태로워지고 있다. B쪽도 18세 이하 인구감소라는 사회 동향에 눌려서 여러 가지 방법을 모색해 보지만 좀처럼 효과를 내지 못한다.

그래서 그려본 것이 여기에 게재한 2장의 인과연쇄도다. 여기서 사용하는 인과연쇄도는 와세다대학 비즈니스스쿨 25기생인 사이토 군의 졸업 논문에서 필자가 지도교수였던 것이 인연이 되어 게재 양해를 얻은 것이다.

　　기업과 조직으로서는 여관과 전문학교로 전혀 관계는 없다. 그러나 이렇게 하여 그려진 2장의 그림을 바라보면 양자의 문제가 본질적으로는 완전히 같다는 것을 깨닫는다. 이것은 인과연쇄도가 왼쪽에 있는 것을 통찰하기 위한 도구이고 '3스쿠미'에서 설명한 것처럼 뿌리를 찾는 도구라는 것을 나타내고 있다. '3스쿠미'의 이론을 만들어서 가위바위보 게임과 토하치켕 이외의 것에도 그 이론을 적용할 수 있었던 것처럼 여기서도 그 공통의 패턴을 아우르는 이론을 만들 수 있다면 같은 문제로 고민하는 기업이나 조직에게 좋은 소식이 된다. 공통 패턴으로서의 인과연쇄도는 다음과 같다.

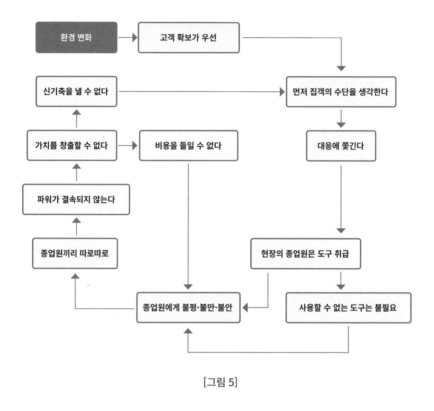

[그림 5]

인과연쇄도 그리는 법

여기까지는 이미 그려진 인과연쇄도를 가지고 이야기했고, 인과연쇄도를 어떻게 그리는지에 대해서는 아직 서술하지 않았다. 하지만 이제 인과연쇄도라는 것이 어떤 것이고 어떻게 사용하는 것인지는 대략 알았을 것이라고 생각하므로 본절에서는 실제로 인과연쇄도를 그릴 때의 마음가짐과 주의해야 할 점에 대해 이야기하겠다.

■ {Q}를 {R}로 한다

본장 2절에서 인과연쇄도는

라는 것이고, '○○이다'가 동기라고 서술했다.

이 동기를 가까운 곳에서 찾아보면 다음과 같이 나타난다.

휴일에 자동차로 드라이브 하러 외출한다. 저녁 무렵 돌아오는데 도로가 막혀서 움직이지 않는다. 배는 고파오고 내일은 일을 해야 한다. 빨리 돌아가야 한다는 생각에 '초조'해진다.

이 '초조'는 말로 설명하면 그냥 '초조'지만 사실은 마음속에 있는 감정이고 {Q}의 상태다. 이 '초조'한 감정에 꺾여서 갑자기 폭주를 시작하면 이것은 앞에서 서술한 중학생의 '폭발'과 같은 구도가 된다. 이를테면 R을 거치지 않고 F로 직결되는 것이다. 그러나 인간에게는 R이 있고 자기의 {Q}를 '볼' 수 있다. 그것이 인간이다. 인간만이 R을 갖는다. 이유는 앞에서도 서술했다.

R을 작용시켜 '이 초조한 감각은 어디에서 온 것일까' 물으면 그것이 '교통정체'라는 말로 표현된다는 데에 생각이 미친다. '초조'를 해소하고 싶다는 눈에 보이지 않는 감정적인 욕구는 '교통정체'라는 눈에 보이지 않는 상태의 해소라는 R의 세계로 반입된다. 거기서 '교통정체는 왜 일어나는가'라는 문제의식으로 그려지는 것이 인과연쇄도다. 이 '교통정체'라는 말은 우리 모두 알고 있고 '교통정체'를 없애고 싶다는 기분도 모두 공통이다.

2 문제의 추출

교통정체를 없애자는 캠페인이 벌어진다. 그러나 아무리 소리 높여

외친들 교통정체가 저절로 해소되지는 않는다. 교통정체라는 것은 일종의 변수, 또는 인과연쇄도를 그린 다음의 '섬'의 이름이다. 그 중에는 구체적인 상황이 있다. 전에도 말했듯이 변수를 직접 인식하는 것은 불가능하다.

우리는 '교통정체' 그 자체를 인식하는 것이 아니라, 이러한 상태, 이러한 상태……의 집합으로서의 '교통정체'를 인식하는 것이다.

그래서 정말로 '교통정체'를 없앨 방법을 연구하기 위하여 몇 명의 사람이 모여서 교통정체의 원인을 찾기 위한 인과연쇄도를 그리게 되었다고 하자.

그리는 방법은 여러 가지지만 그 중 하나의 방법은 칠판 같은 것을 준비하고 모두가 교통정체의 원인이라고 생각되는 것을 아무렇게나 써나가는 것이다. 쓰는 장소는 어디라도 상관없다.

여기서 '쓰는 장소는 어디라도 상관없다'는 것이 중요하다. 인간은 무엇인가의 원인을 들어보라고 하면 그것을 조목조목 쓰는 습성이 있다. 어떠한 기준으로 정리된 결과를 조목조목 쓰는 것은 좋지만 처음부터 조목조목 쓰는 것은 좋은 방법이 아니다. 이유는 아무래도 맨 처음에 쓴 것이 가장 중요한 것이고 나중에 쓴 것은 부록이라는 느낌이 있기 때문이다. 여기에서의 원인 열거도 그렇다.

또한 원인들 중에도 연결성이 있어서 써내려가는 원인이 모두 독립적이라고는 한정지을 수 없다. 원인끼리 사이에 인과관계가 있는 경우도 있다. 그것들의 연관을 포함해서 전체 모습을 눈에 보이도록 하는 것이 인과연쇄도다.

자, 그럼 몇 사람이 모여서 제멋대로 원인을 쓰면 다음 그림과 같은 것을 얻을 수 있다. 이쯤까지 오면 모여 있는 사람의 '교통정체'에 대한 이미지의 차이가 점점 선명해진다.

어떤 사람은 '나들이를 갔을 때 고속도로 정체'이고, 어떤 사람은 '출근 시간대의 교통정체', 때로는 '건널목에서 전차 통과를 기다리는 사람들 정체'를 이미지하고 있다.

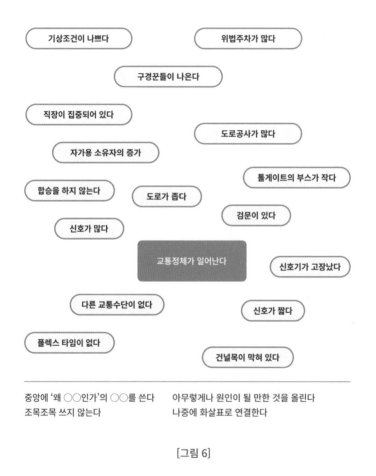

기상조건이 나쁘다

위법주차가 많다

구경꾼들이 나온다

직장이 집중되어 있다

도로공사가 많다

자가용 소유자의 증가

톨게이트의 부스가 작다

합승을 하지 않는다

도로가 좁다

검문이 있다

신호가 많다

교통정체가 일어난다

신호기가 고장났다

다른 교통수단이 없다

신호가 짧다

플렉스 타임이 없다

건널목이 막혀 있다

중앙에 '왜 ○○인가'의 ○○를 쓴다
조목조목 쓰지 않는다

아무렇게나 원인이 될 만한 것을 올린다
나중에 화살표로 연결한다

[그림 6]

이대로 작업을 계속할 수도 있고 그렇지 않을 수도 있지만 모든 원인을 늘어놓기만 해서는 이야기의 범위가 너무 커지니까 불필요한 것은 제거하지 않으면 안 된다. 앞서 서술한 것처럼 맛있는 요리가 아무리 많이 있어도 한 번에 먹을 수 있는 것은 하나뿐이니까.

이렇게 여러 가지 교통정체를 확인한 다음에 이들 중에서 정말로 해소하지 않으면 안 되는 '교통정체'가 어느 것인지 생각해서 하나로 좁히는 작업이 필요해진다. 여기서 '여러 가지 교통정체를 확인한 다음에'라는 것이 중요하다. 제1장 [그림 17]의 동심원에서 한 번 바깥쪽을 확인하고 전체를 정하는 것과 일맥상통하는 사고방식이다. 이 바깥쪽이 지금 생각하고 있는 전체의 밖에 있는 별도의 전체와 붙어서 커다란 전체로 돌아올 수 있기 때문이다. 이 부분이 분단을 전제로 한 과학적 방법과 다른 점이다.

그림 이야기를 되돌려서 어느 교통정체를 채택할지, 이를테면 '나들이를 갔을 때 고속도로 정체'를 택할지, '출근 시간대의 교통정체'를 택할지, 또는 '건널목에서 전차 통과를 기다리는 사람들 정체'를 택할지는 그때그때의 상황, 생각하는 사람의 입장 등으로 정해지게 된다.

그 마을을 담당하는 경찰 입장에서는 '출근 시간대의 교통정체'가 채택될 것이고, 도시교통과 입장에서는 '나들이를 갔을 때 고속도로 정체'가 채택될 것이고, 건널목이 있는 마을에서는 '건널목에서 전차 통과를 기다리는 사람들 정체'가 채택될 가능성이 있다.

문제가 좁혀졌다면 다음은 그 원인을 더 써내서 그 후에 원인과 결과 사이를 화살표로 연결하는 작업을 하게 된다.

지금까지 다루어 온 인과연쇄도는 나쁜 상황을 좋은 상황으로 바꾸고 싶다는 강한 욕구를 실현하기 위하여 현상을 파악하는 것이었다. 따라서 인과연쇄도에는 그것을 생각하는 사람의 입장과 견해가 나타난다. 그래서 대상으로 하는 문제는 똑같아도 만들어지는 인과연쇄도에 나타나는 항목은 달라지는 것이 보통이다.

나무통 가게의 예를 생각해 보자. 나무통 가게는 왜 돈을 벌었는가? 이때 2개의 견해가 있다.

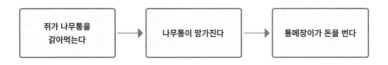

라는 것과

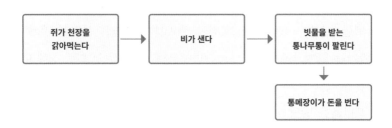

이다.

앞쪽은 수리점으로서의 수익이고 뒤쪽은 신품 판매자로서의 수익이다.

인과연쇄도는 그리는 사람의 Q의 발로다. 그러나 일단 그려진 인과연쇄도는 R로서 '객관적'으로 받아들여지는 것이어야 한다.

'객관적'인지 아닌지의 판단은 하나하나의 화살표선을 음미하는 것에 달려 있다. 다음과 같은 것을 생각해보자.

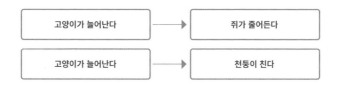

어느 쪽이 살아남을지는 상식적으로 명백할 것이다. 첫째 줄이다. 둘째 줄은 아직 이 인과관계를 설명할 이론이 없기 때문이다.

쓴 사람의 Q로는 '고양이가 늘어난다'는 항목에 대해 둘 다 옳다고 생각했을지 몰라도 일단 쓰고 난 뒤에는 '고양이가 늘어난다'에 대하여 '쥐가 줄어든다'가 타당한지 '천둥이 친다'가 타당한지의 판단은 R로 하지 않으면 안 된다.

이렇게 하여 하나하나의 화살표선의 음미가 끝날 무렵에 인과연쇄도는 일단 완성을 보게 된다.

그러나 세상이 바뀌면 보는 쪽의 마음도 달라진다. 오늘 그린 인과연쇄도가 내일도 통용되리라고는 단정할 수 없다. 나중에 옛날에 그린 인과연쇄도를 보고 어째서 이런 인과연쇄도를 그렸을까 하고 이상하게 생각하면서 동시에 과연 그때는 그랬었다고 납득하는 일도 있다.

인과연쇄도는 자신의 사고방식의 역사이기도 하다. 인과연쇄도는 '그리는 것은 Q, 그려진 결과는 R의 수준인 것'이다.

인과연쇄도를 그릴 때 주의할 점

인과연쇄도를 그리는 것은 그리는 사람들의 Q, 그려진 결과는 R의 것이라는 것이 특징이다. 따라서 처음부터 모두가 동의할 수 있는 '객관적'인 것을 그릴 수 있을 리 없다. 분명히 인과관계가 있다고 생각하고 그린 화살표선은 몇몇 다른 사람의 체크를 통과하지 않는 한 단순한 아집, 가설에 불과하다.

그러나 가설은 중요하다. 뉴턴이라 해도 아인슈타인이라 해도 그 이론은 당시에는 참신한, 경우에 따라서는 황당무계하다고도 받아들여졌을 것이다. 그 아집을 이치에 맞지 않는다고 하여 처음부터 버리는 것은 R의 횡포다. 이치에 맞는지 안 맞는지는 그 후의 검증에 달려 있는 것이다. 황당무계한 것을 말하는 사람일수록 '가설 입안 능력'이 있는 사람일지도 모른다.

인과연쇄도를 그릴 때 처음부터 '객관적'인 인과관계를 무리하게 상정하는 일은 없다는 뜻이다. 먼저 자기의 주관으로 그리고 그것을 R로 체크하는 것이다. 이 사상은 제2장에서도 서술한 '생각하기 위하여 그림을 그린다'는 본서의 주장 그 자체이다. 본인은 인과관계가 있다고 생각해도 대부분의 사람들이 인정하지 않는 것이라면 그것은 그 사람의 독선이다.

그것을 체크하는 것이 화살표선의 음미이고 그런 방법 중 하나가 '조사'다. 세상에는 여러 가지 '조사법'이라는 기술이 나돌아 다니고 있어서 뭐가 뭔지 몰라도 '조사법'을 적용하면 뭔가 알 수 있을지도 모른다는 안이한 생각으로 조사를 행하는 사람들이 많다. 조사를 외주에 맡기면 막대한 조사료를 지불해야 하는데 부탁한 쪽에 확고한 목적이 없으면 효과는 나타나지 않는다.

여기서도 '그러니까' 또는 '어째서인가'의 발상이 중요하다는 것을 알 수 있다.

인과연쇄도에서 이 부분의 화살표선이 확실하지 않다, 그러니까 이 부분을 조사한다는 식이라면 조사의 목적이 명확해진다. 마구잡이로 조사를 하는 것은 지도 없이 미지의 바다를 항해하는 것과 같은 것이다.

사물을 생각할 때 생각하는 것은 인간 개인이고, 생각은 개인의 Q에 의존한다. 그 때문에 때때로 다음과 같은 일이 일어난다.

지금은 대부분의 역에서 금연이 되어 있지만 금연권을 둘러싼 논의가 떠들썩했던 무렵의 일이다. '역에서 흡연이 금지된 것은 어째서인가'라는 문제로 인과연쇄도를 그려보라고 했더니,

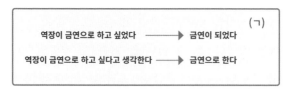

라고 단순명쾌하게 쓴 학생이 있었다. 확실히 화살표선의 방향대로 '그러니까'가 되어 있고 거꾸로 보아도 '어째서인가'가 되어 있으니까 그것만 보면 흠잡을 데가 없다. 하지만 왠지 어색함이 있다. 그 어색함은 어디에서 온 것일까?

똑같은 것인데

라는 것이 있다. (ㄴ) 쪽은 '무슨 소리냐, 바보 같은 소리다'라는 것이 일반적인 감각이고, (ㄷ) 쪽에서는 '그렇지'라는 느낌이 있다.

이 3개의 경우 화살표선을 음미해 보자 (ㄱ) (ㄴ) (ㄷ)은 모두

라는 구조로 되어 있다. 이것은

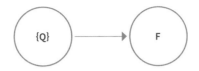

이라는 구조다. '○○하고 싶다(고 생각한다)'는 타인에게는 보이지 않는 개인의 Q이고, '××한다'는 타인에게 보이는 행동 F다. 이 경우 '왜 그는 ××하는 것인가?'라고 물어보자. '○○하고 싶다고 생각한다'는 답이 나오지만 그것이 상식적인지 아닌지가 판단의 기준이 된다.

> (ㄴ)의 경우: 왜 공부를 하지? 총리대신이 되고 싶어서. 공부만 잘
> 하면 (반드시) 총리대신이 될 수 있나? 그렇지 않다.
> 그러므로 (ㄴ)의 화살표는 버려진다.
> (ㄷ)의 경우: 왜 운동을 하는가? 건강을 지키고 싶어서. 적당한 운
> 동이 건강에 좋다는 것은 누구나 다 아는 상식이다.
> 그러므로 (ㄷ)의 화살표는 살아남는다.

그렇다면 (ㄱ)의 역장의 경우는 어떨까? 이 인과연쇄도는 역장 본인이 그린 것이 아니라 역장과 아무 상관없는 학생이 그린 것이다. 학생 입장에서는 역장도 자기와 같은 인간이니까 비슷할 것이라고 생각하겠지만 역장 본인이 아닌 것은 확실하다.

이 경우에 그림은 {Q} → F를 나타내고 있는 것은 아니다. 학생이 인식한 역장의 마음이라는 것은 {R}의 것이다. 따라서 이 화살표를 확인하려면 다음의 2가지를 체크해야 한다.

먼저, 정말로 역장이 '금연으로 하고 싶다'고 생각했는지, 둘째, 그렇게 생각했다고 해도 그것을 실행시킬 '권력'이 역장에게 있느냐는 것이다. 이것은 (ㄴ) (ㄷ)의 경우와 같은 '상식'의 문제가 아니라 '조사'의 문제가 된다. 언뜻 Q가 얽힌 것 같지만 실은 R 레벨의 이야기도 된다.

조금 번잡해져버려 죄송하지만 요점만 간단히 말하면 '인과연쇄도를 그릴 때 개인의 생각을 원인으로 하는 것은 가능한 한 피하는 것이 좋다'는 것이다. 아무래도 사용해야만 할 때는 다음과 같이 하는 것도 하나의 방법이다.

주식이 오른다고 생각한다 ⟶ 주식을 산다
⇩
주식이 오른다고 생각하는 사람이 있다 ⟶ 주식을 사는 사람이 있다

이렇게 하면 그런 사람이 있는지 없는지는 '객관적'인 '조사'에 의해 확인이 가능하다. 또한 주식은 '오른다고 생각하면 산다'는 것이 상식이라고 해도 좋을 것이다.

지금까지 다룬 인과연쇄도는 대개 '후진법'을 염두에 둔 것이었다. 그것은 현 상황이 나쁜 것을 인식하고 개선하려고 하는 의욕을 실현하는 데 유효했다.

그러나 기업의 장래 계획이나 신제품 개발에는 앞으로 세상이 어떻게 변해갈지가 관심의 표적이 된다. 이 경우에는 어떤 상황이 '왜' 생겨났는지를 생각하는 '후진법'보다 현재는 이런 상황이니까 장래에

는 이렇게 된다는 '전진법'을 많이 사용하게 되는데 인과관계의 인식의 기본인 '어째서인가' '그러니까'의 사상은 '후진법'이든 '전진법'이든 차이가 없다.

인과연쇄도는 의사결정을 할 때 상황을 파악하기 위한 '지도'이다. '지도' 없는 행동이 얼마나 위험한지는 말할 필요도 없다. 상황은 시시각각으로 변해간다. 상황에 맞추어 '지도'는 다시 그려져야 한다. 타인이 그린 '지도'가 아니라 자신의 Q로 그려서 R로 확인한 '지도'를 근거로 의사결정을 해야 하는 것이다.

그러기 위해서는 스스로 '지도'를 그릴 수 있는 힘이 필요하다. 본서의 성질과 분량의 관계상 '지도 그리는 법'을 실질적으로 자세히 독자에게 드리지 못한 아쉬움이 있지만, 정신은 충분히 이야기했다고 생각한다.

독자 여러분들께는 "너무 어렵게 생각하지 말고 무엇이라도 좋으니 일단 그림을 그려주세요. 배우는 것보다 익숙해지는 겁니다"라고 말씀드리고 일단 본서를 마무리하겠다.

덧붙여 가까운 장래에 실제로 현장에서 인과연쇄도를 사용하고 있는 지인과 함께 실무적인 '인과연쇄도 그리는 법과 사용법'을 쓰고자 계획하고 있으므로 그 기회를 기다려 주셨으면 한다.